Arbeitswut

Philipp Löpfe hat Anglistik, Ethnologie und Publizistik studiert und an der Hochschule St. Gallen einen MBA erworben. Er war Chefredakteur beim *SonntagsBlick* und beim *Tagesanzeiger* und schrieb für das Wirtschaftsressort des Nachrichtenmagazins *Facts*.

Werner Vontobel hat Volkswirtschaft studiert und ist, nach Stationen unter anderem bei der *Weltwoche* und beim *Tagesanzeiger*, Wirtschaftspublizist beim *SonntagsBlick*.

Von Philipp Löpfe und Werner Vontobel erschien zuletzt *Der Irrsinn der Reformen* (2005).

Philipp Löpfe
Werner Vontobel

Arbeitswut

Warum es sich nicht lohnt,
sich abzuhetzen und gegenseitig
die Jobs abzujagen

Campus Verlag
Frankfurt / New York

Bibliografische Information der Deutschen Nationalbibliothek.
Die Deutsche Nationalbibliothek verzeichnet diese Publikation in der
Deutschen Nationalbibliografie. Detaillierte bibliografische Daten
sind im Internet unter http://dnb.d-nb.de abrufbar.
ISBN 978-3-593-38566-2

Copyright © 2008 Campus Verlag GmbH, Frankfurt am Main
Umschlaggestaltung: Hißmann, Heilmann, Hamburg
Umschlagmotiv: Peter Dazeley/getty images
Satz: Campus Verlag, Frankfurt am Main
Druck und Bindung: Druck Partner Rübelmann, Hemsbach
Gedruckt auf säurefreiem und chlorfrei gebleichtem Papier.
Printed in Germany

Besuchen Sie uns im Internet: www.campus.de

Inhalt

Kapitel 1

Wie viel Arbeit braucht der Mensch?

Geht es Ihnen auch so? Sie könnten gerade wieder in die Tischkante beißen, weil Sie mit der 40-Stunden-Woche im Büro schon längst nicht mehr auskommen. Also arbeiten Sie auch noch zu Hause, schreien die Kinder an, weil der Stress Ihre Nerven blank legt, und kriegen Krach mit Ihrem Partner. Die Alternative? Ein Underperformer sein, im Vergleich mit den Kollegen zurückfallen, den Job verlieren? Die Angst hält Sie im Laufrad. Aber so arbeiten zu müssen, das macht sie wütend.

Willkommen im Land der Arbeitswut.

Oder sind Sie ein glücklicher Workaholic? Weniger als 60 Stunden Arbeit in der Woche sind für Sie undenkbar, weil sich das Glücksgefühl erst dann einstellt, wenn Sie so richtig durchstarten.

Willkommen im Land der Arbeitswut.

Oder sind Sie vielleicht ganz ohne Arbeit und doch stets auf der Suche danach, jedoch ohne Erfolg? Fühlen Sie sich aussortiert, obwohl Sie doch noch so viel leisten könnten? Werden Sie von der Arbeitsagentur mit sinnlosen Maßnahmen, Vorladungen und Arbeitsbeschaffungsmaßnahmen drangsaliert, obwohl Sie wie Ihr Arbeitsberater genau wissen, dass es für Sie nie wieder Arbeit geben wird? Spüren Sie, wie die Wut in Ihnen steigt?

Willkommen im Land der Arbeitswut.

In einem Land, in dem die einen mehr arbeiten als je zuvor, während die anderen ganz schlechte Aussichten haben, überhaupt wieder eine Arbeit zu bekommen. Die einen da oben, die anderen da unten.

Aber gibt es vielleicht einen Zusammenhang zwischen der Arbeitswut der Vielbeschäftigten und der Arbeitswut der Joblosen? Ja, den gibt es, das ist unsere Überzeugung. Und mehr noch: Es könnte eine Lösung für das Problem der Arbeitswut geben, wenn man diesen Zusammenhang einmal genauer unter die Lupe nimmt. Das ist unsere Absicht.

Und wenn Sie nun sagen: Was geht's mich an? Ich habe eine Arbeit, aber ich mache mich nicht kaputt, das ist alles nicht mein Problem – dann sind Sie auf dem Holzweg. Die Konsequenzen der Arbeitswut betreffen die gesamte Gesellschaft. Sie richten Jahr für Jahr einen riesigen Schaden an, weil sie unnötige Kosten im Sozial- und Gesundheitssystem verursachen und in enormem Maße Kreativität und Innovation vernichten. Und das geht wohl doch uns alle an.

Willkommen im Land der Arbeitswut.

Was ist bloß los mit unserer Arbeit?

Achtung, Achtung, Arbeit kann Ihre Gesundheit gefährden. Nein, die Arbeit, so wie sie heute organisiert ist, macht keine Freude mehr. Sie ist im Gegenteil für viele Menschen zu einer Quelle der Angst und der Sorgen geworden. Für die einen, weil sie keine Arbeit haben. Für die anderen, weil sie sich aus lauter Angst vor dem Verlust der Arbeit abrackern, bis sie als psychische und gesundheitliche Wracks frühpensioniert werden oder als Sozialhilfeempfänger aus dem Erwerbsleben ausscheiden. Was könnte auf Sie zutreffen?

Die Arbeit ist nicht nur zu einer Gefahr für die Gesundheit geworden. Sie gefährdet auch die Freiheit der Bürger. Am Arbeitsplatz wird die Überwachung durch den Arbeitgeber immer subtiler und effizienter. Mit dem Handy, dem BlackBerry und dem Laptop werden Arbeitnehmer rund um die Uhr auf Trab gehalten. Menschen ohne Arbeit werden vom Staat und von der Bürokratie der

Arbeitsämter gegängelt, die sie als potenzielle Drückeberger be-
argwöhnen und ständig neue Beweise ihrer Arbeitsbereitschaft
einfordern.

Arbeit gefährdet auch unser Familienleben. Nachtschichten gelten auch dann als zumutbar, wenn der Partner Tagschicht fährt.
Lange Arbeitswege sind längst kein Grund für Unzumutbarkeit.
Wenn dann einmal Überstunden anstehen, kann man ja auch am
Arbeitsort übernachten. Und dann müssen Sie natürlich Ihre Kinder
gebührend auf den Kampf um den Arbeitsplatz vorbereiten. Dazu
braucht es die richtigen Startblöcke bei der richtigen Privatschule.
In den USA sind bereits Plätze im »richtigen« Kindergarten heftig
umkämpft, ein Studienplatz an einer Eliteuniversität kostet mittlerweile jährlich ungefähr 50 000 Dollar. In Europa zeichnet sich eine
ähnliche Entwicklung ab. Die Forderung nach Eliteschulen und Eli-
teuniversitäten ist zum politischen Dauerbrenner geworden.

Arbeitswut ist nicht nur eine individuelle Krankheit, sie trifft
uns auch kollektiv: Die Politiker sind wie besessen vom Thema
Arbeit. Sie wollen nicht nur die Arbeitslosigkeit bekämpfen. Der
wichtigste Zweck der Politik scheint darin zu bestehen, möglichst
viele Menschen »in Arbeit zu bringen«: Hausfrauen, Invalide, Ju-
gendliche, Alte, Randgruppen – alle denkbaren Arbeitspotenziale
sollen ausgeschöpft werden. Doch wofür? Das alte Motto »Es gibt
viel zu tun, packen wir es an« hat längst keine Gültigkeit mehr.
Heute lässt sich eher sagen: »Es sind viele da, die anpacken wollen,
fragt sich bloß, wo und wie.«

Die steigende Produktivität hat dazu geführt, dass immer weniger Arbeit gebraucht wird, um immer mehr herzustellen. Der
Strukturwandel sorgt dafür, dass ganze Industrien abgewandert
sind. Einst waren es Stickereien und Webereien, heute werden Au-
tofabriken, Software-Unternehmen, aber auch Dienstleistungsbe-
triebe wie Callcenter oder gar der ganze Steuerbereich outgesourct.
Trotzdem klammern sich Linke und Rechte, Gewerkschafter und
Manager weiterhin an die Vorstellung von der 40-Stunden-Woche
und der Vollbeschäftigung.

Der Staat als Mitspieler auf dem Arbeitsmarkt

Wie im Frühkapitalismus gilt auch im einundzwanzigsten Jahrhundert unverändert die Maxime: Nur eine Vollzeitbeschäftigung kann den Lebensunterhalt sichern. Anders als früher hingegen ist der Staat in der postindustriellen Gesellschaft als Nothelfer willkommen. Deshalb sollen beispielsweise in Deutschland in sogenannten Beschäftigungswerkstätten Jobs für 200000 bis 400000 schwer vermittelbare Arbeitslose geschaffen werden. Die in diesen Werkstätten Tätigen sollen »einer gemeinnützigen Beschäftigung nachgehen«. Zu diesem Zweck seien »sinnstiftende Angebote zu organisieren«.[1]

Welch eine Ironie: Ausgerechnet der Neoliberalismus hat den Staat in der Arbeitswelt zur festen Größe gemacht. So sind in Frankreich in den letzten 20 Jahren mehr als zwei Millionen staatlich subventionierte Stellen geschaffen worden. In den USA setzt die staatliche Hilfe bei den Steuern an: Dank der negativen Einkommensteuer werden ganz niedrige Löhne nicht belastet, sondern im Gegenteil durch öffentliche Mittel ergänzt. Das Gleiche gilt für die Kombilöhne. Sie beherrschen die Sozialpolitik in allen modernen Industriestaaten. Ob und wie hoch der Staat schlecht bezahlte Arbeit unterstützen soll, wird quer durch alle Parteien diskutiert.

Zu den Befürwortern des Kombilohns gehört Edmund Phelps, Nobelpreisträger von 2006 und Professor der Ökonomie. Er hält ein flammendes Plädoyer für die Lohnsubventionen. »In den entwickelten Ökonomien des Westens werden viele Menschen aller Altersgruppen von formellen Beschäftigungsverhältnissen ausgeschlossen. In den USA ist der Lohn für weniger qualifizierte Arbeitskräfte so dürftig, dass es für sie schwer erträglich ist, einen Job über längere Zeit zu machen, wenn sie nicht gerade in existenzieller Not sind. Oft sind sie demoralisiert und unkonzentriert. In wieder anderen Fällen sind sie wegen gesetzlicher Mindestlöhne für gesetzestreue Firmen unerschwinglich. In Europa werden sie zudem durch Tarifverträge von Beschäftigungsverhältnissen ausgeschlossen. So verlieren diese Arbeitnehmer die Chance auf eine persönliche Weiterentwicklung, die sie in regulären Beschäftigungsverhältnissen hingegen bekämen. Diese Nachteile haben hohe soziale Kosten zur Folge – auch in Form von Gewalt und Verbrechen.«[2]

Die Absichten hinter den Lohnsubventionen mögen edel sein. Unbeantwortet aber bleibt die Frage, ob es in der postindustriellen Welt überhaupt so viel Lohnarbeit gibt, wie die Menschen für ihre persönliche Entwicklung und für ihre soziale Integration brauchen. Diese Frage kann mit guten Gründen verneint werden. Vielmehr zeichnet sich in unserer Arbeitswelt immer deutlicher ein Widerspruch ab, der sich wie folgt umschreiben lässt:

Die Arbeitszeit, die wir als Gesellschaft brauchen, um unseren Lebensstandard zu sichern, wird immer weniger. Grund dafür ist die nach wie vor wachsende Produktivität. Die Arbeitszeit, die der Einzelne leisten muss, um sich im Unternehmen und in der Gesellschaft zu behaupten, nimmt hingegen zu. Grund dafür ist der immer härtere Wettbewerb in einer angeblich »flach« gewordenen, globalisierten Welt. Dieser Widerspruch lässt sich auch in simple Zahlen fassen: Um den Lebensstandard der modernen Gesellschaft zu sichern, genügt eine durchschnittliche Arbeitszeit von 25 Stunden in der Woche. Um unseren Arbeitsplatz zu sichern rackern wir jedoch 40 Stunden und mehr.

Dieser Widerspruch lässt sich durch staatliche Eingriffe nicht auflösen, Kombilohn hin und negative Einkommenssteuer her. Deshalb steht die postindustrielle Gesellschaft vor einem Grundproblem: Wir brauchen eine Wirtschaft, in der jeder seinen Lebensunterhalt selbst verdienen kann. Wir leben aber in einer Wirtschaft, in der alle versuchen, den Lebensunterhalt der anderen auch noch zu bestreiten. Wir haben ganz einfach noch nicht realisiert, dass wir uns unseren hohen Lebensstandard mit viel weniger Arbeit leisten können. Oder wie es der Gründer der dm-Drogeriemärkte, der Unternehmer Götz W. Werner, formuliert: »Die Produktivitätsentwicklung hat die Bedürfnisentwicklung längst überholt, wir haben gesättigte Märkte, und wir brauchen immer weniger Menschen, um dieses Übermaß an Gütern zu produzieren. Jetzt ist der Moment gekommen, in dem wir uns vom Zwang zur Arbeit befreien können.« Werner tritt deshalb für ein Bürgergeld, ein bedingungsloses Grundeinkommen für alle ein.[3]

Auch die Produktivitätsentwicklung, von der Werner spricht, lässt sich in Zahlen fassen. Das reale Bruttoinlandsprodukt ist in Österreich seit 1991 um 33,7 Prozent gewachsen. In Deutschland waren es 21,6 und in der Schweiz 16,7 Prozent. Dieses Wachstum wurde zudem nicht mit mehr, sondern mit weniger Arbeit erreicht. Konkret ist im gleichen Zeitraum die Anzahl der geleisteten Arbeitsstunden in Österreich um 7,5 Prozent, in Deutschland um 6,2 Prozent und in der Schweiz um 6,4 Prozent gesunken.[4]

Über den Daumen gepeilt kann man sagen: Die modernen Industriestaaten wären ökonomisch gesehen in der Lage, ihren Wohlstand mit einer 25-Stunden-Woche aufrechtzuerhalten. Doch anstatt Freude darüber, dass man sich vom Zwang der Arbeit befreien könnte, herrscht Panik, weil die Arbeit schwindet. So stehen wir vor einer paradoxen Situation. Unsere Väter und Großväter haben nach dem Zweiten Weltkrieg eine Wohlstandsgesellschaft aufgebaut, mit dem Ziel, dass es die Kinder dereinst besser haben. Doch die Kinder wollen dieses Geschenk nicht annehmen. Anstatt abzubauen wird aufgestockt: Gewerkschaften willigen in längere Arbeitszeiten bei gleichem Lohn ein, Unternehmen versprechen im Gegenzug, die Arbeitsplätze nicht in Billiglohnländer zu verlegen.

Eine interessante Einigkeit bei Gewerkschaftern und Arbeitgebern

Gewerkschafter und Unternehmer mögen sich zanken, wenn es um Löhnerhöhungen geht. In der Frage der Vollbeschäftigung herrscht jedoch Einigkeit. Beispiel Schweiz: Das ohnehin schon wohlhabende Land hat ein sehr gutes Wirtschaftsjahr 2006 hinter sich.

Typisch ist etwa die Aussage von Serge Gaillard, ehemaliger Chef-ökonom des Schweizerischen Gewerkschaftsbunds und neuer Direktor für Arbeit im Staatssekretariat für Wirtschaft (SECO). Er fordert angesichts des nun drei Jahren dauernden Aufschwungs weder mehr Lohn noch weniger Arbeitszeit, sondern im Gegenteil noch mehr Beschäftigung: »In den letzten 15 Jahren mangelte es fast immer an Arbeitsplätzen. Hunderttausende von Personen wurden frühpensioniert, von Arbeitslosigkeit und Aussteuerung heimgesucht oder für invalid erklärt. Es muss der Schweiz in den nächsten drei bis vier Jahren gelingen, möglichst viele Menschen in das Erwerbsleben zu integrieren.«[5]

Wer Vollbeschäftigung als Ziel jeder Wirtschaftspolitik definiert, ignoriert schlicht die Vorzüge der Produktivitätssteigerungen. Man freut sich nicht mit dem Ökonomieprofessor Thomas Straubhaar, der in einem Interview mit dem Monatsmagazin *brand eins* erklärt hat: »Dabei ist es doch wunderbar, wenn ich ein Ziel mit einem Zehntel der Arbeitskräfte erreiche, mit einem Zehntel der Energie und mit einem entsprechend geringerem Anteil an Leiden und Mühe, die harte Arbeit verursacht.«[6] Stattdessen stellen sich viele von uns besorgt die Frage: Wie können die Menschen wieder sinnvoll am Produktionsprozess teilnehmen?

Diese Frage dominiert die arbeitsmarktpolitische Agenda der modernen Industriestaaten. Doch wer sie sinnvoll beantworten will, muss sich zuerst einmal mit den Fakten und Größenordungen auseinandersetzen: Wir leben kulturell und sozial in einer 40-Stunden-Gesellschaft, haben aber eine Wirtschaft, die es uns erlaubt, unseren hohen Lebensstandard mit einer 25-Stunden-Woche zu erwirtschaften. Doch wenn wir damit fortfahren, 40 Stunden zu arbeiten, produzieren wir zwangsläufig Überschuss, sprich Arbeitslosigkeit. Es ist gewissermaßen ein Sesseltanz oder eine Reise nach Jerusalem mit 40 Teilnehmern, aber bloß 25 Stühlen. 15 Teilnehmer scheiden aus, wenn die Musik aufhört zu spielen. Das will die Vollbeschäftigungs-Politik nicht anerkennen. Stattdessen werden unaufhörlich Maßnahmen ergriffen, um die 15 Überzähligen fit zu machen.

Bei den Maßnahmen handelt es sich dabei um Variationen von
»Verbilligen« und »Flexibilisieren«. Überzählig sind in erster Linie
ältere Arbeitnehmer, Behinderte und schlecht Qualifizierte. Für die
Betroffenen ist die Prozedur entwürdigend. Götz Werner spricht
deshalb im Zusammenhang mit den deutschen Hartz-Reformen
von »offenem Strafvollzug«. »Es ist die Beraubung von Freiheits-
rechten. Hartz IV quält die Menschen, zerstört ihre Kreativität.«[7]

Bis etwa Mitte der 80er-Jahre waren kürzere Arbeitszeiten, längere Ferien und vorgezogene Pensionierung Zeichen des steigenden
Wohlstandes in den modernen Industriestaaten. Soziologen sprachen von einem »Zeitwohlstand«. In den 90er-Jahren begann sich
der Sprachgebrauch zu ändern. Jetzt war von »Umverteilung der
Arbeit« die Rede. Kürzere Arbeitszeiten wurden zu einem Akt der
Solidarität. Die 28,8-Stunden-Woche bei VW in Wolfsburg oder
die 35-Stunden-Woche in Frankreich entstanden unter diesen Vor-
zeichen. Jetzt ändert sich die Wahrnehmung erneut. Die franzö-
sische Idee gilt als Jahrhundert-Irrtum, bei VW wird wieder mehr
gearbeitet. In der Schweizer Maschinenindustrie wurde im Boom-
jahr 2007 42 Stunden pro Woche gearbeitet, um die Aufträge ab-
wickeln zu können.

Die Hektik dieser neuen Arbeitswut lässt keinen Raum für Alternativen, die Fixierung auf die Vollbeschäftigung ist auch eine
Fixierung auf den quantitativen Aspekt der Arbeit. Dabei böte das
Wachstum der Produktivität die Chance, dem qualitativen Aspekt
der Arbeit mehr Beachtung zu schenken. Arbeit macht nicht nur
materiellen Wohlstand möglich. Arbeit ist ein zentraler Faktor
menschlichen Glücks. Sie bindet Menschen ein oder grenzt sie aus
und schafft auf diese Weise Identität. Deshalb ist die Angst vor
dem Verlust des Arbeitsplatzes die größte Sorge der Menschen im
postindustriellen Zeitalter geworden. Warum also nicht die Arbeitszeit auf das Pensum reduzieren, das den Wohlstand sichert?
Eine 25-Stunden-Woche wäre ein erster und wichtiger Schritt hin
zu einer Gesellschaft, in der Arbeit und Einkommen wieder getrennt werden, einer Gesellschaft, in der Menschen ihre Talente

ohne Existenzängste entfalten können. Wie klingt das in Ihren Ohren?

Eine 25-Stunden-Woche ist nicht nur sozialpolitisch, sondern auch ökonomisch vernünftig. Unsere Arbeitskultur hat sich von der Produktion abgekoppelt. Die zunehmende Diskrepanz zwischen der ökonomisch benötigten und der sozial gewünschten Arbeitszeit wird zur entscheidenden Wohlstandsbremse. Sie schwächt das materielle Wachstum, verursacht sozialen Stress und führt damit zu hohen volkswirtschaftlichen Kosten. Die postindustrielle Gesellschaft bringt eine »Volkskrankheit« nach der anderen hervor: Burnout, Depression, Fettsucht und Diabetes verbreiten sich explosionsartig und sind auch auf die Veränderungen der Arbeitskultur zurückzuführen. Der Soziologe Stefan Pospiech, Assistent der Geschäftsführung von Gesundheit Berlin, verweist in diesem Zusammenhang auf Untersuchungen des Robert-Koch-Instituts. Sie zeigen, dass arbeitslose Menschen mehr rauchen und häufiger zu Übergewicht neigen. Arbeitslose Männer leiden insbesondere unter psychischen Erkrankungen wie Schizophrenie oder Depression. Bei Frauen sind es laut den Untersuchungen besonders Ess- und Persönlichkeitsstörungen. Betroffen sind Langzeitarbeitslose, also Menschen, die länger als ein Jahr keinen neuen Job finden. Die aktuellen sozialen und wirtschaftlichen Probleme sind deshalb nicht in erster Linie Folgen der Globalisierung und der Überalterung, sondern das Ergebnis einer falschen Politik.

Die Illusion der Vollbeschäftigung hat zu einer massiven Ausdehnung des Staates auf dem Arbeitsmarkt geführt und damit zu einer Aufblähung der Bürokratie. Bürokratien sind teuer und laden zum Missbrauch ein, Sozialmissbrauch wiederum lädt zum politischen Missbrauch ein. Journalisten und rechte Politiker machen geradezu Jagd auf Sozialhilfeempfänger, die angeblich das Leben eines Millionärs führen. Da sich unter den Arbeitslosen überproportional viele Ausländer befinden, wird auch die Sozialhilfe überproportional von Ausländern beansprucht. Der populistische Kampf gegen den Sozialmissbrauch hat deshalb eine hässliche Kehrseite: Er macht unter dem Vorwand, man müsse die Fakten endlich zur Kenntnis nehmen, den Fremdenhass wieder salonfähig; und er bedroht den liberalen Staat. In der Schweiz beispielsweise liegt gemäß Einschätzung der Experten die Missbrauchsquote bei der Sozialhilfe unter 2 Prozent, das ist ein sehr niedriger Wert. Lohnt es sich wirklich, deswegen einen Schnüffelstaat aufzubauen?

Natürlich gibt es unter den Empfängern von Arbeitslosengeld und Sozialhilfe Drückeberger und Abzocker. Genauso gibt es auch Steuerhinterzieher und Steuerbetrüger. Missbrauch ist nie zu rechtfertigen, aber beim Kampf gegen den Missbrauch dürfen die Folgen nicht aus den Augen verloren werden. In der Sozialmissbrauch-Hysterie wird übersehen, dass nicht die 20 Prozent Arbeitslosen und Unterbeschäftigen das Hauptproblem sind, sondern die 80 Prozent, die (im Verhältnis zu ihrem Konsum) zu viel arbeiten. Die Arbeitslosen *haben* zwar ein Problem, aber sie *sind* nicht das Problem. Ökonomisch verursachen die Menschen, die zu viel arbeiten und zu wenig konsumieren, einen viel größeren Schaden, denn sie machen nicht nur den Nachbarn zum Bettler. Sie bedrohen auch sich selbst mit Arbeitslosigkeit und erhöhen ihre Steuerlast. Irgendjemand muss schließlich die Arbeitslosen- und Sozialhilfe bezahlen. 40 Stunden zu arbeiten, aber nur den Gegenwert von 25 Stunden Arbeit zu konsumieren, ist also letztlich ein Zustand, bei dem wir alle nur verlieren.

Zum Aufbau des Buches

Der Begriff »Arbeitswut« ist zweideutig. Einerseits steht er für ein übertriebenes Maß an Arbeit, andererseits beschreibt er den Ärger darüber, dass wir uns in einen Teufelskreis verstrickt haben, der die Arbeit zur Plage und zum Instrument des sozialen Ausschlusses gemacht hat. Diese Ambivalenz passt sehr gut zu unserem Buch. Wir zeigen einerseits auf, wie die Arbeitswut sich in der postindustriellen Gesellschaft ausgebreitet hat, und andererseits, was die Folgen davon sind. Wir wollen zunächst einmal begründen, dass und weshalb wir trotz der Globalisierung auch in Zukunft immer weniger Arbeit brauchen, um den Wohlstand der Gesellschaft zu erhalten und ihn weiter zu steigern.

Diese notwendige Reduktion der Arbeitszeit stößt aber auf erhebliche kulturelle Schranken. Deshalb befassen wir uns neben den »harten« ökonomischen Faktoren auch mit den »weichen« kulturellen. Die traditionelle bürgerliche Arbeitsmoral im Sinne der protestantischen Ethik von Max Weber ist in den letzten 30 Jahren verdrängt worden, die Arbeitskultur, so unsere These, wird »refeudalisiert«. Nicht mehr der asketische Unternehmer ist das Rollenvorbild, sondern der hedonistische Manager und der Spitzensportler. In den Unternehmen werden die Hierarchien flacher und parallel dazu nimmt die Verantwortung ab. In dieser »Kultur des neuen Kapitalismus«, von der der Soziologe Richard Sennett spricht, wird der Mitarbeiter »empowert« und gleichzeitig allein gelassen. Mit diesen Entwicklungen befassen wir uns im ersten Teil des Buches.

Der zweite Teil ist der aktuellen Arbeitspolitik und ihren Folgen gewidmet. Die Tatsache, dass China und Indien zu aktiven Teilnehmern an der Weltwirtschaft geworden sind, hat zu einem psychologischen Schock auf dem Arbeitsmarkt geführt: Die Zahl der in den Weltmarkt integrierten Arbeitskräfte (aber auch die Zahl der Konsumenten) hat sich von 1,5 auf 3 Milliarden verdoppelt. Dank Internet und Breitbandtechnologie fühlen sich nicht nur ungelernte Hilfsarbeiter, sondern zunehmend auch die gut bezahlten Arbeitnehmer des Mittelstandes von einer Reservearmee billiger Arbeitskräfte bedroht. Dieses neue Gefahrenbild ist wesentlich dafür verantwortlich, dass heute – orchestriert von der OECD (Organisation für wirtschaftliche Zusammenarbeit und Entwicklung) – in fast allen westlichen Industrieländern eine Politik der »Arbeit um jeden Preis« betrieben wird. Die Entwicklung insbesondere in Deutschland zeigt, dass dieser Preis sehr hoch ist. Einerseits sind wir mit stagnierenden Löhnen und einer zunehmenden Prekarisierung der Arbeit konfrontiert. Andererseits haben grundlegend veränderte Kräfteverhältnisse auf dem Arbeitsmarkt, gekoppelt mit den Auswirkungen neuer Produktionstechniken, Folgen, die weit über den eigentlichen Arbeitsmarkt hinausreichen. Wenn wir immer härter um unseren Arbeitsplatz kämpfen und dem Konkurrenten immer einen Schritt voraus sein müssen, werden wir wie die Radrennfahrer zum Doping greifen. Die Entwicklung hin zur Mensch-Maschine, zum Cyborg, ist dann nicht mehr ein Albtraum oder das Hirngespinst von Fantasten, sondern wird zu einer realen Option.

Gleichzeitig konzentrieren sich Reichtum und Macht in immer weniger Händen. Sie gehören entweder zu den neuen Oligarchen des Finanzsystems oder zu den Hierarchen der staatlichen Arbeitsbeschaffungsbürokratie. Sie sorgen mit wenig Zuckerbrot und viel Peitsche (schließlich herrscht draußen Standort-Krieg) dafür, dass die nicht mehr benötigte Unterschicht mit Spargelstechen und anderen Scheinbeschäftigungen jederzeit arbeitswillig bleibt. Dazwischen wird der Mittelstand in ständiger Abstiegsangst zerrieben.

Was also ist zu tun? Müssen wir wirklich härter arbeiten? Im letzten Kapitel des Buches suchen wir nach Lösungen. Wir zeigen, dass uns die Logik der Marktwirtschaft geradezu zwingt, bei ständig steigenden Löhnen immer weniger zu arbeiten. Jede andere Entwicklung würde das Ende der Marktwirtschaft einleiten. Doch wie erreichen wir dieses neue Gleichgewicht? Mit einem »Wohlstandskrieg« gegen die neuen Billiglohnländer aus Asien? Die generelle Stoßrichtung ist klar: Arbeit muss teuer, also rar gemacht werden. Die Verhandlungsmacht der Arbeitnehmer muss so weit gestärkt werden, dass der Markt wieder spielen kann. Doch wie: Mit mehr Bildung? Müssen wir auch die bisher unentgeltliche Hausarbeit kommerzialisieren? Oder brauchen wir einen bedingungslosen Grundlohn für alle?

Schauen wir also einmal genauer hin, auf die Entwicklung der Arbeitswelt in unserer postindustriellen Gesellschaft. Nehmen wir es unter die Lupe, unser Land der Arbeitswut!

Kapitel 2

25 Stunden sind genug

Wir haben uns daran gewöhnt, die Wirtschaft als einen Wettlauf zwischen den Nationen zu sehen. So wie Firmen miteinander konkurrieren, stehen auch die Länder in einem (Standort-) Wettbewerb zueinander. Und dieser Wettbewerb wird vor allem über die Lohnkosten ausgetragen. Aus dieser Sicht hat sich etwa der *New York Times*-Kolumnist und Bestsellerautor Thomas Friedman – sein Buch *Die Welt ist flach* wurde von der *Financial Times* zum erfolgreichsten Wirtschaftsbuch 2005 gewählt – folgende rhetorische Frage gestellt: Kann sich Frankreich die 35-Stunden-Woche leisten, wenn unsere indischen und chinesischen Konkurrenten 35 Stunden am Tag arbeiten?

Die Frage mag witzig sein, doch sie ist falsch gestellt. Wir arbeiten nicht mit Blick auf die globale Konkurrenz, sondern wir haben unsere Konsum- und Investitionsbedürfnisse im Auge. Die Chinesen arbeiten aus vielerlei Gründen länger als wir: weil sie noch eine Infrastruktur aufbauen müssen, weil sie noch viel mehr ungestillte Bedürfnisse haben, und vor allem, weil sie diese Bedürfnisse mit einem Produktionsapparat und mit Arbeitsorganisationen decken müssen, die viel ineffizienter sind als unsere. Um es mit einem Vergleich zu verdeutlichen: Was die Produktivität ihrer Wirtschaft betrifft, sind die Chinesen noch mit dem Fahrrad unterwegs, während wir schon mit dem Auto fahren und deshalb für die gleiche Strecke weniger lang brauchen.

Unter dem Strich und über längere Zeiträume gesehen arbeiten alle Länder für den eigenen Bedarf. Exporte dienen dazu, die notwendigen Importe zu finanzieren. Aus Prinzip Exportüberschüsse und Devisenreserven anzuhäufen ist sinnlos. Würde China seine auf Exportüberschüssen basierende Wirtschaftspolitik langfristig weiterführen, würde dies bedeuten, dass die Chinesen gratis für uns arbeiten. Danke!

Die Chinesen sind also nicht der Maßstab, an dem wir unsere Arbeitszeit zu messen haben. Entscheidend ist vielmehr das Verhältnis von Konsumbedürfnissen und Produktivität. Hier lässt sich ein klarer Trend erkennen: In praktisch allen industrialisierten Ländern (mit Ausnahme der USA in den Jahren 1972 bis 1993, als massenweise Frauen in den Arbeitsmarkt eintraten und Hausarbeit im großen Stil durch Erwerbsarbeit ersetzt wurde) nimmt die Menge der Arbeit pro Kopf, von konjunkturellen Schwankungen abgesehen, kontinuierlich ab. Für Deutschland sieht die aktuelle Bilanz der Arbeitsstunden so aus. Passen Sie gut auf:

Gemäß der Arbeitszeitrechnung des Instituts für Arbeitsmarkt und Berufsforschung der Bundesagentur für Arbeit haben 42,7 Millionen Erwerbstätige 2006 insgesamt 56,12 Milliarden Stunden bezahlte Arbeit geleistet. Pro Kopf sind das 1 314 Stunden oder 27,4 Wochenstunden, wenn man von 48 Arbeitswochen ausgeht. Verteilt man dasselbe Arbeitsvolumen auf alle rund 50 Millionen Deutschen im erwerbsfähigen Alter zwischen 20 und 65, so sinkt die durchschnittliche nötige Wochenarbeitszeit sogar auf 23,5 Stunden. Wenn es gelingt, die Frührentner wieder in Arbeit zu bringen, dann reichen im Schnitt 25 Wochenstunden.[1]

Um klar zu sein: Dieses 25-Wochenstunden-Schema ist kein Programm und keine politische Forderung. Es ist bloß ein Durchschnittswert, eine sinnfällige Formulierung, mit der ein abstrakter Tatbestand – 56,12 Milliarden Arbeitsstunden – in eine lebensnähere Größe umgewandelt wird. Ebenso gut könnte man von einer 30-Stunden-Woche bei 12 Wochen Ferien pro Jahr reden, oder von einer 24-Stunden-Woche für alle 20- bis 67-Jährigen. Schließlich könnte man die 56,12 Milliarden Stunden auch wie folgt aufteilen: »Normalarbeit« für 40 Prozent der Bevölkerung, Teilzeit für 30

Prozent, Unterbeschäftigung, Arbeitslosigkeit und sozialer Ausschluss für den Rest. Das kommt der Realität am nächsten, ist aber nicht unbedingt die beste aller möglichen Aufteilungen, oder?

Unsere Wirtschaft: leistungsfähiger, als wir denken

Hinter diesen Zahlen steckt ein Tatbestand, den wir inzwischen als selbstverständlich hinnehmen: Die Wirtschaft der postindustriellen Gesellschaften ist unglaublich leistungsfähig geworden. Unter rein materiellen Gesichtspunkten lebt Deutschland im Überfluss. Statistisch gesehen betrug 2006 das Bruttoinlandsprodukt (BIP) 41 Euro pro Stunde. Zieht man davon die Investitionen ab, nimmt man also sozusagen nur den essbaren Teil des BIP, so kommt man immer noch auf 33,63 Euro. Das ist der Betrag, den man theoretisch jedem Beschäftigten pro Stunde brutto auszahlen könnte und der dann zur Deckung sämtlicher Ausgaben, inklusive der Kosten für Straßen, Schulen, Kinder- und Altenbetreuung, ausreicht.

Es reicht für viel: Götz Werner hat diesen Überfluss anschaulich gemacht. Er schreibt: »Heute ist praktisch kein einziges langlebiges Konsumgut mehr knapp, die meisten Märkte sind mindestens gesättigt, wenn nicht übersättigt. So gibt es heute weit mehr Kühlschränke als Haushalte, und eine Gefriertruhe steht in drei Viertel aller deutscher Wohnungen. Praktisch jeder Haushalt, nämlich 95 Prozent von ihnen, besitzt eine Waschmaschine, zwei Drittel eine Mikrowelle, 57 Prozent eine Geschirrspülmaschine. Im Schnitt stehen heute in jeder Wohnung 1,5 Fernseher und ebenso viele Radios. 81 Prozent der Haushalte besitzen einen Videorekorder, 32 Prozent ein DVD-Abspielgerät, 85 Prozent eine Hi-Fi-Anlage, fast 90 Prozent einen CD-Player. Unter deutschen Dächern bimmeln im Schnitt 1,2 Telefone und 1,1 Handys, und in 62 Prozent aller Haushalte steht mindestens ein Computer, von denen mittlerweile mehr als die Hälfte auch mit dem Internet verbunden sind.«[2]
All dies können wir uns mit durchschnittlich rund 25 Wochen-

stunden Arbeit leisten. Es könnten sogar noch weniger sein, wenn beispielsweise das Rentenalter erhöht würde, was an sich sinnvoll wäre. Die allgemeine Lebenswartung der 65-Jährigen ist allein seit 1970 um rund fünf Jahre gestiegen. Das Nachlassen der geistigen und körperlichen Leistungsfähigkeit beginnt heute mindestens fünf Jahre später, als dies noch in den 60er-Jahren der Fall war. Was bedeutet das konkret? Sie werden vermutlich ein höheres Alter erreichen, wenn Sie sich in jungen Jahren nicht durch zu harte Arbeit verschlissen haben. Weniger ist also hier mehr! Und: Ein (in Arbeitsjahren gemessen) längeres und dafür gemütlicheres Arbeitsleben würde nicht nur Ihre Lebensqualität massiv verbessern, sondern nebenbei auch noch die Finanzierung der Rentenkasse wesentlich erleichtern. Statt Geld würden wir in jungen Jahren sozusagen unsere eigene Arbeitskraft auf die hohe Kante legen. Ein durchaus verlockender Gedanke.

Die Sache mit der Arbeitsproduktivität

Doch der wichtigste Grund, der gegen eine verlängerte Lebensarbeitszeit spricht, ist ein nachweisbarer langjähriger Trend. Das 2006 gemessene Arbeitsvolumen von 678,7 Stunden pro Kopf der Gesamtbevölkerung ist nämlich nur eine Momentaufnahme in einer langjährigen Entwicklung, die sich wie folgt beschreiben lässt.[3]

Jahr	Arbeitsstunden pro Kopf
1950	1018
1970	862 (minus 0,83 % p.a.)
1991 (Westdeutschland)	746 (minus 0,69 % p.a.)
1991 (Gesamtdeutschland)	747
2006	679 (minus 0,64 % p.a.)

Die Arbeitszeit pro Kopf hat sich somit in den vergangenen 56 Jahren jedes Jahr um 0,7 Prozent verringert. Das war nicht nur in Deutschland so, sondern in allen industrialisierten Ländern und über fast alle Zeiträume. Der Grund dafür liegt darin, dass sich die Menge an Gütern und Dienstleistungen, die wir dank verbesserter Technologie und Arbeitstechnik pro Stunde produzieren können, laufend erhöht. Seit 1970 hat sich die Arbeitsproduktivität pro Jahr im Schnitt um sage und schreibe 2,6 Prozent erhöht. Das entspricht einer Verdoppelung alle 27 Jahre.

Von 1991 bis 2006 hat sich dieser Trend auf 1,9 Prozent verlangsamt. Deutschland liegt damit in dem Bereich von 1,5 bis 2 Prozent jährlicher Produktivitätssteigerungen, von dem die Ökonomen angesichts des anhaltenden technischen Fortschritts auch in Zukunft ausgehen. Das ist an sich ein enormes Füllhorn. Es bedeutet, dass man Jahr für Jahr mit demselben Arbeitsaufwand 1,5 bis 2 Prozent mehr produzieren und damit auch konsumieren kann. In nur fünf Jahren steigt die Kaufkraft um einen Monatslohn. Alle 40 Jahre verdoppelt sie sich.[4]

Wie gehen die Menschen mit den Segnungen der wachsenden Produktivität um? In den Industrieländern ist bisher ungefähr ein Drittel bis die Hälfte des Produktivitätsfortschritts genutzt worden, um die Arbeitszeit zu senken. Das ist auch sehr vernünftig. So zeigt die Glücksforschung eindeutig: Mehr Geld und Konsum erhöhen die Zufriedenheit der Menschen weit weniger als mehr Zeit mit Freunden und Familie. Eine Verringerung der Arbeitszeit ist somit die optimale Rendite, die der Homo oeconomicus aus einer immer produktiver werdenden Wirtschaft erzielen kann.

Leider zielt die Politik genau in die andere Richtung. Der Trend zur Reduzierung der gesetzlichen oder vertraglich vereinbarten Arbeitszeit ist in den 80er-Jahren zum Stillstand gekommen. In Frankreich will der neue Präsident Nicolas Sarkozy die 35-Stunden-Woche wieder rückgängig machen, in Deutschland haben sich die Sozialpartner in Unternehmen wie Daimler und Siemens auf längere Arbeitszeiten geeinigt. Als Grund für diese Maßnahmen wird der verschärfte Standortwettbewerb in einer globalisierten Welt angeführt. Was aber bedeutet und was kostet es, wenn in einer 25-Stunden-Woche 40 Stunden gerackert wird? Wie verändert sich die Arbeitmoral, die Arbeitskultur, und wie gehen die Unternehmen und die Menschen damit um? Diesen Fragen gehen wir in den nächsten Kapiteln nach.

Kapitel 3

Die reinste Grausamkeit

Der General Motors Konzern (GM) bezahlt rund 7500 Angestellte dafür, dass sie zur Arbeit erscheinen, dort aber keine Beschäftigung haben. Dieses leicht kafkaesk anmutende Unterfangen wird als Projekt »Job-Bank« bezeichnet und kostet den Autohersteller jährlich 750 bis 900 Millionen Dollar. Wie ist dieses offensichtlich unsinnige Projekt entstanden? Die Grundidee ist an sich sehr vernünftig. 1984 willigten die Gewerkschaften ein, solche Job-Banken zu errichten, weil sie sich in einer unsicheren Zeit vorübergehende Sicherheit für ihre Mitglieder erhofften. Das Unternehmen kalkulierte ebenfalls rational. In der Annahme einer kurzfristigen Flaute wollte es die Facharbeiter nicht verlieren. 1990 wurden deshalb die Verträge erneuert.

Die japanische Konkurrenz machte GM einen Strich durch die Rechnung. Toyota, Honda und Co. begannen mit besseren Produkten ihren unaufhaltsamen Siegeszug. GM verlor Kunden und Marktanteile. Aus kurzfristig in die Job-Banken geschickten Facharbeitern wurden deshalb Langzeitarbeitslose. Diese können nun zwar nicht entlassen werden, müssen aber trotzdem täglich am Arbeitsplatz erscheinen. Die Präsenzzeiten werden strikt durchgesetzt, von 6 Uhr morgens bis 14.30 Uhr, mit 25 Minuten Mittagspause. Für die Teilnehmer ist diese bezahlte Präsenz alles andere als paradiesisch. Ihr Arbeitsleben hat sich im Gegenteil in einen Albtraum verwandelt. Die meisten, inzwischen älteren Arbeiter sitzen ihre Zeit einfach apathisch ab.

Der gut gemeinte Deal zwischen GM und Gewerkschaften hat

zu Zuständen geführt, die direkt aus *Schöne Neue Welt* stammen könnten. Aldous Huxley hat diesen wohl berühmtesten Zukunftsroman 1932 veröffentlicht. Damals schlitterte der Kapitalismus in seine bisher schlimmste Krise, die Große Depression. Es gibt eine Reihe von Parallelen zur aktuellen Situation der postindustriellen Gesellschaften im einundzwanzigsten Jahrhundert. Die »wilden Zwanziger« waren geprägt von grenzenlosem Optimismus und technischem Fortschritt. Henry Fords T-Modell wurde zum ersten Auto für die Massen, Radio und Telefon waren für den Mittelstand erschwinglich geworden und das TV-Zeitalter war bereits absehbar. Der Roman *Schöne Neue Welt* ist eine fiktive Bewältigung dieser Entwicklungen. Die technische Revolution wird gebändigt, soziale und wirtschaftliche Konflikte entschärft. Allerdings zu einem recht hohen Preis: Es gibt keine Familie mehr, Menschen werden nicht mehr geboren, sondern in Reagenzgläsern gezeugt und wie Vieh auf Kinderfarmen aufgezogen. Schon bei der Befruchtung wird jeder Mensch einer Kaste zugewiesen und gezielt auf seine künftige Funktion hin in der Gesellschaft indoktriniert. Freie Sexualität und die Droge »Soma« sorgen für ein glückliches Leben und einen angstfreien Tod. Krieg oder soziale Unruhen gehören der Vergangenheit an oder sind auf die wenigen Zonen beschränkt, die nicht zur schönen neuen Welt gehören.

Aus einer dieser Zonen stammt John »der Wilde«. Er wurde auf natürliche Weise geboren, obwohl seine Eltern Mitglieder der privilegierten Klasse der »schönen neuen Welt« sind. Doch seine Mutter ging auf einer Safari in die unzivilisierten Zonen verloren. Ein anderer Alpha-Mensch bringt die beiden von seinem Abenteuertrip als Trophäen wieder zurück nach London. »Der Wilde« wird zur kurzeitigen Attraktion in den besseren Kreisen der Alpha-Menschen. John selbst jedoch ist nach anfänglicher Begeisterung ernüchtert. Der unwürdige Tod seiner Mutter löst bei ihm eine spontane Rebellion aus. John wird verhaftet und dem Regenten Londons, Mustapha Mond, vorgeführt.

Der Regent erläutert dem »Wilden« die Gesetzmäßigkeiten der

neuen Zivilisation. Er begründet ausführlich, warum sich die Gesellschaft keine Kriege mehr leisten kann und weshalb die Klassen nicht abgeschafft worden sind. Warum es trotz des technischen Fortschritts aber noch Menschen gebe, die niedrige Arbeit verrichten müssten, will John wissen. In der Tat wäre es überhaupt kein Problem, die Arbeitszeit auf höchstens drei bis vier Stunden zu reduzieren, entgegnet Mustapha Mond und fügt hinzu: »Aber weshalb setzen wir die Arbeit reduzierenden Pläne nicht um? Den einfachen Arbeitern zuliebe; es wäre die reinste Grausamkeit, ihnen exzessiv Zeit zur Muße zu überlassen.«[1]

Diese reinste Grausamkeit wird auch den Menschen in der postindustriellen Gesellschaft erspart, über »exzessive Muße« kann sich allenfalls ein sehr exklusiver Kreis von Menschen beklagen. Oder haben Sie dieses Problem jemals gehabt? Für die meisten Menschen wird die Arbeit immer schneller und immer härter. In der schönen neuen Welt rechtfertigt der Regent Mond die anhaltende Plackerei mit einem misslungenen Experiment. Auf der Insel Irland habe man den Vier-Stunden-Arbeitstag ausführlich getestet, erzählt er dem »Wilden«. Die Folgen seien soziale Unrast und ein massiver Anstieg des Drogenkonsums gewesen. In der modernen Arbeitswelt nimmt der Drogenkonsum ebenfalls zu. Schuld daran ist jedoch nicht der weitverbreitete Müßiggang wie in *Schöne Neue Welt*. Schuld daran sind die wachsenden Widersprüche in der Entwicklung unserer Arbeitskultur. Am deutlichsten sichtbar wird diese Entwicklung an einem neuen Volksleiden, den stressbedingten Krankheiten.

Nebenwirkungen inklusive: Burnout, Mobbing und Stress

Im Herbst 2004 trat der damalige Präsident der Freisinnigen Partei der Schweiz, Rolf Schweiger, zurück. Normalerweise ist das ein Ereignis von mittlerer Bedeutung, das die Journalisten höchstens ein paar Tage beschäftigt. Doch der Rücktritt blieb diesmal wochenlang in den Schlagzeilen und TV-Talkrunden – und das nicht, weil er politisch brisant gewesen wäre. Ungewöhnlich war der Grund dieses Rücktritts. Der FDP-Präsident bekannte sich öffentlich zu einem »Burnout« und gab zu, den Belastungen seines Amtes nicht mehr gewachsen zu sein. Diese Offenheit war neu. Bisher hatte man sich hinter der Floskel »gesundheitliche Gründe« versteckt. Schweiger hatte ein Tabu gebrochen und ein kleines, dreckiges Geheimnis der modernen Gesellschaft enthüllt: Arbeit macht krank, auch die Erfolgreichen.

Wohl zu seiner eigenen Überraschung erhielt der abtretende FDP-Präsident für seine Offenheit viel Applaus. Er hatte offensichtlich einen sensiblen Bereich der modernen Schweiz angesprochen: das Leiden am Arbeitsplatz. Burnout, Mobbing und Stress sind zu einem Problem geworden, das weite Teile der Bevölkerung beschäftigt. Auch Sie kennen sicherlich in Ihrem Freundes-, Bekannten- und Kollegenkreis Menschen, die von einem dieser Phänomene betroffen sind – oder Sie haben eigene Erfahrungen damit gemacht. In Zeitungen und Zeitschriften mehren sich die Tipps, wie man Stress am Arbeitsplatz bewältigt und Mobbing verhindert. Es ist bereits die Rede von einer neuen Volkskrankheit. Zu Recht, wie eine umfangreiche Studie des Staatssekretariats für Wirtschaft (SECO) zeigt.[2] Sie hat ergeben, dass allein im Jahr 2000 Stresserscheinungen am Arbeitsplatz die Schweizer Volkswirtschaft 4,2 Milliarden Franken gekostet haben.

Es gibt keinen Zweifel, dass die moderne Arbeitswelt diesen Stress verursacht. So sagt Theo Wehner, Professor für Arbeitspsychologie an der ETH in Zürich: »An einem Großteil der heutigen Industrie- und Dienstleistungsarbeitsplätze Sinn zu generieren fällt immer schwerer. Alle Psychopathologien, die wir heute bei der Arbeit kennen – Mobbing, Burnout oder innere Kündigung –, sind eigentlich Resultate einer gescheiterten Sinnsuche. Es wird niemand als Mobber geboren, und Ausbrennen ist keine natürliche Verschleißerscheinung.«[3]

Die Psychopathologien, von denen Wehner spricht, sind zu re-

gelmäßigen Begleitern des Erfolgs geworden. Der Finanzplatz
Schweiz steht im internationalen Vergleich sehr gut da und ist stolz
auf seine internationale Wettbewerbsfähigkeit. Die Schattenseite
dieses Erfolgs beleuchtet eine Studie des Schweizer Bankenperso-
nalverbandes aus dem Jahr 2004. Sie zeigt, dass gerade in den Banken der Stress am Arbeitsplatz überdurchschnittlich zugenommen
hat.[4]

Jeder dritte Angestellte leidet darunter. Kerstin Schaper-Lang
und Angelika Sidler, zwei auf das Coaching von Führungskräften
spezialisierte Psychologinnen, sprechen davon, dass 45 Prozent des
Bankkaders Zeichen von Erschöpfung aufweisen und dass sich die
meisten betroffenen Führungskräfte »in den Anfangsstadien des
Burnouts befinden«. »Besorgniserregend ist auch der hohe Medi-
kamentenkonsum (Beruhigungsmittel, Antidepressiva und/oder
Schlafmittel) von 24,6 Prozent«, sagen die beiden Fachfrauen.[5]

Immer öfter führt Stress direkt in die Arbeitsunfähigkeit. Die
Folgen für die Schweizer Invalidenversicherung (IV) sind gravierend, sie steht am Rand des finanziellen Abgrunds. Anfangs 2006
beliefen sich ihre Schulden auf mehr als 8 Milliarden Franken,
jährlich kommt rund 1 Milliarde dazu. Die *Neue Zürcher Zeitung*
berichtet: »Besonders auffällig ist, dass viele Menschen wegen einer psychischen Erkrankung teilweise oder ganz aus dem Arbeitsmarkt herausfallen; 100 000 oder rund 2,4 Prozent sind es inzwischen pro Jahr. Dies entspricht knapp 40 Prozent aller
Anmeldungen.«[6] Damit ist die Invalidenversicherung offensichtlich überfordert. Ursprünglich war sie dazu konzipiert, älteren
Menschen zu helfen, die den physischen Belastungen des Arbeits-
lebens nicht mehr gewachsen waren und deshalb ein paar Jahre
früher pensioniert wurden. Heute jedoch muss sie immer mehr
junge Menschen unterstützen, die den psychischen Druck am Arbeitsplatz nicht mehr aushalten. In der Schweiz stieg deshalb allein
im Jahr 2004 die Zahl der psychisch Kranken im Alter von 18 bis
30 Jahren um 1525 Personen an, die ihre Arbeit nicht mehr ausüben können.[7]

Die Entwicklung des Schweizer Arbeitsmarktes ist typisch für die Zustände in den postindustriellen Gesellschaften. So beschreibt der *Economist* die Lage in Großbritannien wie folgt: »Die Anzahl von Briten, die Arbeitslosenunterstützung beziehen, beträgt 960 000. Aber es gibt mehr als eine Million Menschen, die Invalidenunterstützung erhalten, weil sie wegen Depressionen und Stress nicht mehr arbeiten können.«[8] Das entspricht praktisch auf die Kommastellen dem Schweizer Verhältnis: 2006 weist die IV-Statistik (Statistik zur Invalidenversicherung) 96 208 Personen aus, die wegen »psychischer Erkrankungen« Unterstützung erhalten. Arbeitslos waren Ende 2006 rund 125 000 Personen.[9] Die Europäische Agentur für Sicherheit und Gesundheit am Arbeitsplatz meldet, dass innerhalb der EU 28 Prozent der Arbeitnehmer an Stresserscheinungen leiden. Die damit verbundenen Kosten beziffert sie auf 20 Milliarden Euro.[10] Die International Labour Organisation (ILO) und die Weltgesundheitsorganisation (WHO) prophezeien unisono: Stresserscheinungen am Arbeitsplatz werden künftig noch stärker zunehmen.[11]

Die so genannte »24 / 7 / 365-Kultur«, also das Arbeiten rund um die Uhr die ganze Woche und das ganze Jahr lang, fordert einen hohen Preis. Stressbedingte Schlaflosigkeit ist weitverbreitet. Auch die zunehmende Fettsucht in allen postindustriellen Gesellschaften hat auf verschiedene Weise mit Stress und Überforderung zu tun. Der Zyniker würde sagen: Je schlanker die Wirtschaft wird, desto dicker werden die Menschen. In London hat eine umfangreiche Studie über die Auswirkungen von Stress am Arbeitsplatz zu folgenden Resultaten geführt: »Wir beobachten immer mehr junge Menschen mit einem chronischen Schlafmangel«, sagt die Schlafexpertin Gaby Badre. »Wegen des Schlafmangels entwickeln sie weitere Krankheiten wie Hormondefekte, Immunschwäche, hohen Blutdruck, Herzprobleme, Übergewicht und Altersdiabetes.«[12]

Immer mehr Menschen werden zudem von den neuen Technologien am Arbeitsplatz überfordert. Arbeitspsychologen sprechen bereits von einer »Info-Manie«. Menschen werden süchtig nach

Informationen, sie müssen zwanghaft ihre E-Mail-Box auf neue Nachrichten überprüfen und diese auch sofort beantworten. (Erkennen Sie sich wieder?) Geradezu tragikomisch ist das Phänomen des »BlackBerry«-Daumens. Der BlackBerry ist ein kleines tragbares Kommunikationsgerät, mit dem man nicht nur telefonieren, sondern auch E-Mails empfangen und versenden kann. Das Gerät ist ein Statussymbol erfolgreicher Menschen. Manche von ihnen benutzen es so intensiv, dass sie sich damit eine Sehnenscheidenentzündung einhandeln – den schon sprichwörtlich gewordenen »BlackBerry-Daumen«.

Die Mini-Olympiade am Arbeitsplatz

Stellen Sie sich den modernen Arbeitsplatz doch einmal als Sportarena vor. Fußballtrainer haben gewaltig an Bedeutung gewonnen und sind heute Ikonen der postindustriellen Gesellschaft. Aus bauernschlauen Taktikern und Lieblingen der Massen sind Vorbilder für Manager geworden, die mit Bankpräsidenten und CEOs (Chief Executive Officer) multinationaler Konzerne auf einer Stufe stehen. Sie haben letztlich den gleichen Job. Wie Spitzensportler müssen auch Arbeitnehmer »ihre Leistung abrufen«, sonst droht ihnen die Ersatzbank oder gar die Kündigung. Schließlich schläft die Konkurrenz nicht. Auch am Arbeitsplatz gilt die Fußballerweisheit: Nach dem Spiel ist vor dem Spiel. »China ist schuld: Wir müssen länger arbeiten«, titelte beispielsweise die Wirtschaftszeitung *CASH* und fügte als Begründung an: In China seien Wochenarbeitszeiten von 50 bis 60 Stunden normal. Schweizer Arbeitnehmer könnten deshalb problemlos ihre Wochenarbeitszeit von 42 auf 43 Stunden erhöhen.[13]

Der Journalist Thomas L. Friedman entwirft in seinem Buch *Die Welt ist flach* das Bild einer flachen Welt. Es ist metaphorisch gemeint und bezieht sich auf die globalisierte Arbeitswelt des einundzwanzigsten Jahrhunderts. Für die Arbeitnehmer gibt es keine geschützten Räume mehr. Technologische Entwicklungen, vor allem die rasante Ausbreitung von Breitbandnetzen, und das Fallen der Zollschranken machen den internationalen Wettbewerb immer härter und den Arbeitsplatz immer unsicherer. Die Arbeitsteilung wird immer ausgeklügelter. Globale Supply-Chains (Wertschöpfungsketten) sind entscheidend für den Erfolg. Ein Notebook beispielsweise wird heute rund um den Erdball gefertigt. Hunderte von Lieferanten sind an diesem Prozess beteiligt. Die Hersteller, die ihren Namen auf das Produkt kleben, zum Beispiel Dell, HP oder Apple, sind nur noch zuständig für die Forschung und Entwicklung, das Marketing und das Managen der komplexen Supply-Chains.

In Friedmans flacher Welt werden auch die Hierarchien der Unternehmen noch flacher. Nach Geschäftsfeldern sauber organisierte und nach dem Command-und-Control-Prinzip von der Spitze aus geleitete Divisionen verschwinden und werden durch kurzfristig zusammengewürfelte Teams ersetzt, die zeitlich beschränkte, globale Projekte betreuen. Die neuen Verhältnisse führen zu einer neuen Arbeitskultur. Friedman erzählt dazu die folgende Parabel:

Jeden Morgen erwacht in Afrika eine Gazelle. Sie weiß, sie muss schneller rennen als der schnellste Löwe, oder sie wird gefressen.

Jeden Morgen erwacht in Afrika ein Löwe. Er weiß, er muss schneller rennen als die langsamste Gazelle, oder er wird verhungern.

Egal, ob Löwe oder Gazelle – bei Tagesanbruch muss man rennen.

»Ich weiß nicht, wer der Löwe und wer die Gazelle ist«, kommentiert Friedman, »aber eines weiß ich genau: Seitdem die Chinesen der WTO [Welthandelsorganisation, Anm. der Verfasser] beigetreten sind, mussten sie und der Rest der Welt schneller und schneller rennen.«[14] Und wir Arbeitswütigen rennen mit.

Kapitel 4

Eine kurze Geschichte der Arbeit

Das globale Wettrennen in der modernen Arbeitswelt ist nicht gottgegeben: Gemäß der Bibel ist Arbeit die Strafe dafür, dass Adam und Eva in den Apfel der Weisheit gebissen haben. Seit der Vertreibung aus dem Paradies müssen die Menschen ihren Unterhalt deshalb im Schweiße ihres Angesichts verdienen. Doch die Plackerei hat eine Geschichte. Arbeit und ihre kulturelle Bedeutung stehen in einem engen Zusammenhang mit der gesellschaftlichen Entwicklung.

Die paradiesischen Zustände werden nicht nur in der Bibel beschrieben. Der Ethnologe Marshall Sahlins hat sich ausführlich mit der »Arbeit« der Stammesgesellschaften befasst und dabei den Umgang mit der Zeit und die Lebensgewohnheiten der ehemaligen Jäger- und Sammlergesellschaften in Australien analysiert. Sahlins hat zahlreiche Stammesmonografien ausgewertet und dabei ermittelt, dass die durchschnittliche wöchentliche Arbeitszeit dieser Gesellschaften rund 15 Stunden betrug. Entgegen einem weitverbreiteten Vorurteil waren diese Gesellschaften nicht vom Mangel geprägt. Sahlins schätzt, dass die Arbeit eines Buschmannes in Australien ausgereicht hat, um vier bis fünf Menschen zu ernähren. Die Nahrung war dabei vielfältig und reichlich vorhanden, der tägliche Bedarf von rund 2000 Kalorien konnte problemlos gedeckt werden. Die Buschmänner lebten nicht permanent am Rande des Verhungerns, Sahlins spricht im Gegenteil von »material plenty«, von einer Kultur, die vom Überfluss geprägt war. Den entscheidenden Unterschied zur bürgerlichen Auffassung von Arbeit sieht Sahlins in ihrer kulturellen Bedeutung. Er schreibt über die Stammesgesellschaften: »Das häusliche Produktionssystem besaß beschränkte wirtschaftliche Ziele, es war qualitativ definiert als eine Art zu leben und nicht abstrakt als Kumulation von Wohlstand. Arbeit ist deshalb nicht intensiv, sie wird immer wieder unterbrochen durch andere kulturelle Aktivitäten. Arbeit in den primitiven Gesellschaften ist nur eine Teilzeitbeschäftigung, oder nur eine Beschäftigung eines Teils der Gesellschaft.«[1]

Die ursprünglichen Stammesgesellschaften kannten keine Arbeitsteilung außer der Unterscheidung zwischen Männer- und Frauenarbeit. Dabei umfasste Männerarbeit die Bereiche Krieg, Jagd und Religion. Die Frauen kümmern sich um alles, was mit dem Haushalt zu tun hat. Polemisch ausgedrückt: Alles, was Prestige einbringt, ist Männersache, alles, was nützlich ist, verrichten die Frauen. Oder wie Thorstein Veblen in seinem Klassiker *The Theory of the Leisure Class* ironisch festgestellt hat: »Im Prinzip ist die ganze Breite der industriellen Beschäftigung ein Auswuchs dessen, was in den primitiven, barbarischen Gemeinschaften als Frauenarbeit klassiert wird.«[2]

Wie die Arbeit geadelt wurde

Ein herausragendes Merkmal von Feudal- und Kastengesellschaften ist die Tatsache, dass nützliche Arbeit nicht angesehen ist. Diese Tätigkeiten werden von Sklaven, Leibeigenen oder Unberührbaren verrichtet. Die gesellschaftliche Elite hingegen zeichnet sich gerade dadurch aus, dass sie *nicht* arbeitet. Hochkulturen wie beispielsweise das Römische Reich sind nicht zuletzt wegen dieser Entwertung der Arbeit untergegangen. Sie haben den Übergang von Krieger- zu Händlergesellschaften nicht geschafft. Das wiederum hatte schwerwiegende Konsequenzen: Es hat sich nie ein breiter Mittelstand entwickeln können. Genau das aber ist die Grundlage einer wohlhabenden Gesellschaft. Das europäische Bürgertum hat es geschafft, die Arbeit von ihrem Stigma zu befreien. Wie dabei das feudale Prestige in die profane Arbeitswelt transferiert wurde, schildert Max Weber in seinem epochalen Werk *Die protestantische Ethik und der Geist des Kapitalismus*.

Der Ausdruck »Beruf« wurde erst von Martin Luther in die deutsche Sprache eingeführt. Dabei interpretierte der protestantische Reformator die Askese der katholischen Mönche neu: Die fleißig betenden und arbeitenden Gottesdiener im Kloster wollten der Welt entfliehen. Die asketischen protestantischen Bürger hingegen wandten sich der Welt zu und wollten sie zu ihren Gunsten verändern. Sie huldigten einer »weltlichen Askese«. Im Calvinismus wurde Luthers Konzept der weltlichen Askese weiterentwickelt. Wer viel arbeitete und wenig konsumierte, wurde reich. Dieser Reichtum wiederum, der nicht demonstrativ zur Schau getragen werden durfte, wurde seinerseits zum Zeichen der Auserwähltheit vor Gott. »Der Calvinismus fügte aber im Verlauf seiner Entwicklung etwas Positives: den Gedanken der Notwendigkeit der Bewährung des Glaubens im weltlichen Berufsleben hinzu«, schreibt Weber. »Er gab damit den breiteren Schichten der religiös orientierten Naturen den positiven Antrieb zur Askese, und damit der Verankerung seiner Ethik an der Prädestinationslehre.«[3] Damit waren die theologischen Grundlagen für eine mittelständische Arbeitsethik geschaffen.

Aus dem allwissenden Mönch war dank der protestantischen Lehre ein »allhandelnder« Unternehmer geworden. Dieser neue bürgerliche Berufsadel stellte die alte kulturelle Wertung der Arbeit auf den Kopf: Wer *nicht* arbeitete, war nunmehr der Gnade Gottes nicht würdig. Die der Welt zugewandten, asketischen, disziplinierten und berufsorientierten Protestanten hingegen stiegen rasch zu einem mächtigen Gegenpol des arbeitsscheuen Adels auf. Die Bedeutung des Bürgertums in Politik und Gesellschaft nahm parallel zu seinem wachsenden Vermögen und seinem Stolz zu. »Ein spezifisches bürgerliches Berufsethos war entstanden«, hält Weber fest. »Mit dem Bewusstsein, in Gottes voller Gnade zu stehen und von ihm sichtbar gesegnet zu werden, vermochte der bürgerliche Unternehmer (…) seinen Erwerbsinteressen zu folgen und sollte dies auch tun.«[4]

Die kulturelle Umdeutung der Arbeit wurde zum Motor des technischen und wirtschaftlichen Fortschritts, denn der protestantische Unternehmer im Sinne Webers ist zum Handeln gezwungen. Der Adlige hatte seinen Status kraft seiner Geburt und musste ihn nicht täglich neu beweisen. Dem bürgerlichen Puritaner hingegen fehlte diese Gewissheit. Nie kann er sicher sein, dass er tatsächlich ein »guter Mensch« ist, ob sein Reichtum für die Auserwähltheit reicht oder nicht. Im streng calvinistischen Denken ist ein entspannter Mensch ein verlorener Mensch. Der Soziologe Richard Sennett spricht deshalb von einem eigentlichen »Terror, der sich hinter dem Konzept der weltlichen Askese verbirgt«[5]. Der protestantische Unternehmer war zudem ein Asket. Er konsumierte nicht, sondern er sparte. Im ausgehenden Mittelalter entstand daher ein neuer Charaktertyp: Der getriebene Mensch, der gezwungen ist, seinen moralischen Wert durch seine Arbeit zu beweisen.

Für Sigmund Freud war die bürgerliche Kultur durch zwei Dinge geprägt, durch Arbeitszwang und Triebverzicht. Die Folgen waren alles andere als erfreulich. In der bürgerlichen Gesellschaft breitete sich ein *Unbehagen in der Kultur* aus, wie Freuds gleichnamige Schrift lautet. Ökonomisch gesehen war diese Kultur äußerst erfolgreich. Der von seinen Ängsten getriebene Bürger hatte nun eine moralische Legitimation für den Fortschritt und sozialen Aufstieg. Wenn wie in der feudalistischen Ordnung die Geburt die Stellung eines Menschen in der Gesellschaft bestimmt, herrschen die Gesetzmäßigkeiten eines Nullsummenspiels. Änderungen sind praktisch nur durch Gewalt und auf Kosten anderer zu erzwingen. Auf der Grundlage der geadelten Arbeit hingegen ist soziale Mobilität dank eigener Leistung und ohne Gewalt möglich geworden. »Zum ersten Mal sahen die Menschen die Möglichkeit, auf eine Art und Weise Reichtum zu erwerben, die nicht bedeutete, andere Menschen auszubeuten«, schreibt der Wirtschaftshistoriker Benjamin M. Friedman. »Auf individueller Ebene bedeutete dies, dass ein Austausch von Gütern auf freiwilliger Basis die Folge hatte, dass beide Seiten einen Profit erwarten konnten. Das gleiche Prinzip hatte noch größere Bedeutung für eine gesamte Gesellschaft. Der Weg zu nationalem Wohlstand war jetzt der Handel, nicht mehr die Eroberung.«[6]

Die Adelung der Arbeit war ein mühsamer, langwieriger und widersprüchlicher Prozess. John Fowles hat diesen Prozess in seinem Roman *Die Geliebte des französischen Leutnants* mustergültig am Beispiel seines Protagonisten Charles Smithson aufgezeigt. Charles versucht, sehr unterschiedliche Lebenskonzepte unter einen Hut zu bringen: die streng puritanische Moral der Viktorianer, seinen Status als Adliger und sein Streben nach bürgerlichem Fortschritt. Er verachtet den ungehobelten Landadel, dessen Interessen sich auf Jagd, Suff und Hurerei beschränken. Er verachtet gleichzeitig aber auch das kaufmännische Denken seines Schwiegervaters, der ein Kaufhaus besitzt. Als dieser ihm einen Posten in seinem Unternehmen anbietet, durchlebt Charles seine eigentliche Sinnkrise: »Aber es gab ein nobles Element in seiner Ablehnung; ein Gefühl, dass die Jagd nach Geld nicht das alleinige Ziel in seinem Leben sein konnte. Er würde es nie schaffen, ein Dickens oder ein Darwin zu sein, ein großer Künstler oder ein Wissenschaftler; im schlimmsten Fall würde er ein Dilettant bleiben, eine Drohne, ein Nichtsnutz, der andere die Arbeit verrichten ließ. Aber er hatte einen seltsamen zeitweiligen Selbstrespekt gewonnen in seiner Leere, ein Gefühl, dass er eine bewusste Wahl getroffen hatte, ein Nichts zu sein. Nur Stacheln zu besitzen war der letzte Rettungsring eines Gentlemans; seine letzte Freiheit, beinahe. Ihm wurde mit einem Schlag klar: Wenn er je einen Fuß in diesen Ort (das Warenhaus seines Schwiegervaters) setzen würde, dann wäre er erledigt.«[7]

Der Gentleman, dieser aristokratisch-bürgerliche Zwitter, war eine aussterbende Rasse. Nur wer den Fuß ins Warenhaus seines

Schwiegervaters setzte, wer den Sprung in die bürgerliche Arbeitswelt wagte, hatte Aussicht auf Erfolg. Gleichzeitig begann sich diese Welt zu verändern. Das Zeitalter des »wissenschaftlichen Managements« war angebrochen.

Der Mann mit der Stoppuhr: Frederick Winslow Taylor

Neben Triebverzicht und Arbeitszwang hat ein drittes Element den Erfolg des Bürgertums ermöglicht: die effiziente Organisation. Dass die Arbeitsteilung der Motor von Wachstum und Fortschritt ist, erkannte 1776 bereits Adam Smith in seinem Werk *Der Wohlstand der Nationen*. Doch Smith musste sich noch auf primitive Manufakturen verlassen, die Stricknadeln herstellten. Wie Industriearbeit effizient in Teilschritte zerlegt werden kann, untersuchte Frederick Winslow Taylor in der US-Stahlindustrie des ausgehenden neunzehnten Jahrhunderts und legte damit den Grundstein für das »wissenschaftliche Management«. Taylors Erkenntnisse setzten sich rasch und weltweit durch. Sein 1911 erschienenes Werk *Principles of Scientific Management* (DIE GRUNDSÄTZE WISSENSCHAFTLICHER BETRIEBSFÜHRUNG) wurde in alle wichtigen Sprachen der Welt übersetzt und überwand sämtliche politischen Barrieren. Kapitalisten, Kommunisten und Faschisten schworen auf die Idee des wissenschaftlichen Managements. Aus heutiger Sicht ist Taylors Bedeutung klar: Er hat die Industrialisierung und die moderne Arbeit geprägt wie kein anderer, obwohl er selbst wieder weitgehend in Vergessenheit geraten ist.

Den Kern der Lehre des wissenschaftlichen Managements fasst Robert Kanigel in seinem Buch *The One Best Way* wie folgt zusammen: »Taylor hat uns eine Uhrwerk-Welt hinterlassen, in der die Aufgaben auf das Hundertstel einer Minute genau abgestimmt sind, in der Fabrikhallen genauso standardisiert sind wie die Maschinen und die Frauen und Männer, die darin arbeiten. Er hat geholfen, in unsere Köpfe eine wilde, ja unheilige Obsession mit der Zeit, Ordnung, Produktivität und Effizienz einzupflanzen, die zum Merkmal unseres Zeitalters geworden sind.«[8]

Charlie Chaplin hat mit dem Film *Moderne Zeiten* das wissenschaftliche Management treffend beschrieben und seine Absurdität sichtbar gemacht. Taylor hat mit Stoppuhr und Notizblock in der Hand die Abläufe in einer Fabrik minutiös festgehalten und ausgewertet. Er ermittelte auf das Gramm genau, wie viel Kohle ein Arbeiter pro Tag schaufeln musste, um die höchste Effizienz zu erreichen, ohne dabei seine Gesundheit zu ruinieren. Auf der Suche nach dem optimalen Produktionsprozess kümmerte er sich um die Anordnung von Maschinen genauso wie um die Aufteilung einzelner Arbeitsschritte. Aus seinen Aufzeichnungen, Messungen, Statistiken und deren Auswertung entstanden die Baupläne für die standardisierten Fabriken des Industriezeitalters. Taylors Ideen breiteten sich darüber hinaus in alle Lebensbereiche der Gesellschaft aus. Hausfrauen begannen »wissenschaftlich« zu backen, Klavierlehrer entdeckten die Stoppuhr und selbst Pfarrer entwickelten Ehrgeiz darin, ihren Gottesdienst wissenschaftlich zu managen. Auch Taylor benutzte sein Wissen außerhalb der Fabrikhallen: Mit Time-and-Motion-Studien verbesserte der passionierte Tennisspieler seine Schlagtechnik.

Aber nicht alle waren vom wissenschaftlichen Management begeistert. Taylors simpel-mechanistisches Denken weckte gleichermaßen den Zorn von Gewerkschaftern und Humanisten. Die Wogen schlugen derart hoch, dass der US-Kongress 1912 ein Hearing zu diesem Thema durchführen musste. Es sorgte wochenlang für Schlagzeilen. Taylor behandle Arbeiter wie Vieh, warfen ihm seine Gegner vor. Taylor wies diese Vorwürfe entrüstet von sich. Tatsächlich geht es bei seinen Methoden um Effizienz, nicht um Profit. Taylor war ein gläubiger Quäker. Er sah sich als Wohltäter von Unternehmern *und* Arbeitern. Mehrmals trat er öffentlich für höhere Löhne ein. Auch die Arbeitnehmer sollten am Segen des wissenschaftlichen Managements beteiligt werden.

Die neuen Helden der Arbeiterklasse

Protestantische Ethik und wissenschaftliches Management, Konsumverzicht und Disziplin, das waren die tragenden Säulen der Entwicklung der Industriegesellschaften. Sie prägten auch den Lebensstil des wachsenden Mittelstands, zu dessen wichtigsten Elementen darüber hinaus Obrigkeitsgläubigkeit, Sexualfeindlichkeit und Chauvinismus gehörten. Die kulturelle Revolte der Rocker, Hippies und der rebellierenden Studenten richtete sich gegen diese kleinbürgerliche Enge. Mit Erfolg: In den 80er-Jahren legte der Mittelstand seine kleinbürgerliche Ideologie ab wie ein unmodern gewordenes Kleid. Hedonismus und Konsumfreudigkeit setzten sich auf breiter Front durch und bestimmten seither den Alltag der postindustriellen Gesellschaft. Die Arbeit wurde erneut kulturell umgedeutet: Die weltliche Askese der Protestanten verlor an Bedeutung, ein neues Leistungsdenken setzte sich durch. Das zeigt sich exemplarisch am rasanten Prestigezuwachs des Sportes.

In der puritanischen Weltordnung war körperliche Ertüchtigung im Sinne von »Mens sana in corpore sano« (Ein gesunder Geist wohnt in einem gesunden Körper) sehr erwünscht, Sport als Vergnügen für die proletarischen Massen hingegen äußerst suspekt. Die protestantisch geprägt Pharmaindustrie Basels beispielsweise weigerte sich deshalb bis weit in die 80er-Jahre, den lokalen Fußballclub finanziell zu unterstützen, obwohl dieser beides war, populär und erfolgreich. Stattdessen ließ man fitnessfördernde Vitaparcours (das Schweizer Pendant zum Trimm-dich-Pfad) und Wanderwege bauen. Heute prügeln sich die Vertreter von Roche und Novartis geradezu darum, den FC Basel zu sponsern. Der nach wie vor sehr erfolgreiche Club spielt heute in einer modernen Fußballarena, gebaut von den weltweit renommierten Architekten Herzog und de Meuron, die in London die Modern Tate Gallery und in München die Allianz Arena konzipiert haben. Der Besuch dieses Stadions ist neuerdings genauso schick wie der Besuch der Oper. Ähnlich die Entwicklung in Deutschland: Bayer Leverkusen ist gewissermaßen die Firmenmannschaft eines Pharmakonzerns geworden; die Commerzbank und die Allianz geben den prachtvollen neuen Fußballstadien gerne ihren Namen und machen so die Verquickung von Sport und Wirtschaft auch nach außen hin deutlich.

In den 50er-Jahren hatte die puritanische Schweiz Rundstreckenrennen für Formel-1-Wagen verboten. Die offizielle Begründung lautete, dass es bei Unfällen zu viele Tote gegeben hatte. Die inoffizielle sah etwas anders aus: Der »Leb schnell, stirb jung«-Lebensstil der Rennfahrer war dem Bürgertum suspekt. Die Nähe zum Rotlichtmilieu und die kriminellen Machenschaften einzelner Rennstallbesitzer bestätigten dieses Misstrauen. Heute hat es sich in uneingeschränkte Bewunderung verwandelt. Der Züricher Rennstallbesitzer Peter Sauber ist zu einer Ikone der Wirtschaftsszene geworden und wurde 2006 zum »Schweizer des Jahres« gewählt. Die noble Crédit Suisse war Sponsor seines Formel-1-Stalls, den er mittlerweile an BMW verkauft hat. Sauber selbst kann sich vor Ehrungen als Vorzeigeunternehmer und Mustermanager gar nicht mehr retten.

Erfolgreiche Sportler werden seit Langem von den Massen bewundert. Geändert hat sich ihre gesellschaftliche Bedeutung. Einst waren sie die Helden der Arbeiterklasse und verkörperten den Traum von Nicht-Arbeit: keine Maloche, viel Geld und jede Menge hübscher Mädchen. Fußballidole wie George Best waren die Anti-Typen der bürgerlichen Arbeitswelt und reihten sich nahtlos in die Front der 68er ein. Heute sind nicht nur die Trainer, sondern auch die Sportstars selbst zu Prototypen einer neuen Leistungsgesellschaft geworden und stehen stellvertretend für das neue Ideal der Arbeit.

Frei nach Abba: The Winner Takes It All

1995 haben Robert H. Frank und Philip J. Cook ein Buch mit dem Titel *The Winner-Take-All Society* veröffentlicht. Die beiden ame-

rikanischen Ökonomen untersuchen darin, warum sich die Lohnschere in immer größerem Maße öffnet. Wie ist es möglich, dass
Manager, die in den 50er-Jahren noch höchstens zehnmal mehr als
gewöhnliche Angestellte verdient haben, heute mehrere hundert-
mal so viel kassieren? Die Antwort der Autoren lässt sich wie folgt
zusammenfassen: Die Globalisierung hat dazu geführt, dass immer
mehr Märkte nach dem Prinzip »Der Gewinner erhält alles« funktionieren. Exemplarisch sind hier das Sportbusiness und die Unter-
haltungsindustrie zu nennen. Wenn die Fußballclubs Real Madrid
oder Manchester United mehr Sportleibchen in China verkaufen
als in Spanien und England, dann rechnen sich selbst die astrono-
mischen Transfersummen und Gehälter von Beckham, Ronal-
do & Co. Das gleiche Prinzip gilt für Popstars wie Robbie Williams
oder Filmstars wie Brad Pitt.

Die Logik des Show- und Sportbusiness hat sich inzwischen auf
die ganze Wirtschaft ausgedehnt. Die Gewinner-nehmen-alles-
Märkte »durchdringen das Geschäft der Anwälte, den Journalis-
mus, die Beratung, die Medizin, das Investment-Banking, das Management, das Verlagswesen, das Design, die Mode und selbst die
heiligen Hallen der Wissenschaft«, schreiben Frank und Cook.
»Und, obwohl die meisten unserer Beispiele dem amerikanischen
Kontext entspringen, sind die Kräfte der ›Gewinner-nehmen-alles-
Märkte‹ auch in anderen Industriestaaten am Werk, ja selbst in
den Entwicklungsländern.«[9]

Das ist keine These weltfremder Sozialwissenschaftler. Inzwischen hat sich die »Gewinner-nehmen-alles«-Logik auf breiter
Front durchgesetzt. So argumentiert die *Weltwoche* in einem Plädoyer für die exorbitanten Löhne der Manager wie folgt. »Junge,
ehrgeizige Leute stören sich nicht daran, wenn es zwei, drei Dut-
zend Möglichkeiten gibt, in der Schweiz die höchsten Löhne der
Welt zu verdienen«, heißt es da. »Die Finanzakrobaten in den Tra-
ding Rooms der Banken, die Ballettschülerinnen am Opernhaus
oder die Forscher in den Pharmalabors beklagen sich nicht, dass
die Primaballerinen der Branche ›abzocken‹. Diese Talente ticken

wie Tennis-Junioren. Sie arbeiten hart, engagieren sich, orientieren sich an ihren Idolen – und wissen, dass ihr eigener Durchbruch an die Weltspitze zwar unwahrscheinlich ist; aber sollten sie es trotzdem schaffen, wollen sie honoriert werden wie Roger Federer.«[10]

Das Weltwirtschaftsforum in Davos ist zum Jahrmarkt der Eitelkeiten für die postindustrielle Gesellschaft geworden. Jedermann, der etwas auf sich hält, fühlt sich verpflichtet, im Januar in die Schweizer Berge zu reisen. Dort sieht man die »Gewinner-nehmen-alles«-Logik in Aktion. Ursprünglich war der sprichwörtliche »Davos Man« ein Manager oder ein Politiker. In letzter Zeit hat der Glamourfaktor sehr zum Ärger der Traditionalisten deutlich zugenommen. Rockstars wie Bono treffen auf Managementstars wie die Google-Gründer Larry Page und Sergey Brin. Sharon Stone und Angela Jolie äußern sich zur Lage der Welt, selbst Muhammad Ali lässt sich in die Bündner Alpen fliegen und schüttelt dort dem einst mächtigsten Mann der Welt, Ex-Präsident Bill Clinton, die Hände. Nicht nur die Gehälter, auch die Lebensstile von Film- und Sportstars und Managern haben sich angeglichen. Arbeit erhält dabei einen neuen kulturellen Wert, sie wird »refeudalisiert«. Die puritanische Vorstellung ist passé. Weltliche Askese und Konsumverzicht sind out. Hedonismus ist nicht mehr Sünde, sondern Pflicht, Reichtum und gesellschaftliche Stellung werden zur Schau gestellt. Und wer die Leistung bringt, wird auch sonst im Leben belohnt: Die junge »Trophy Wife« gehört zum erfolgreichen CEO wie das Fotomodell zum Fußballstar.

Das ist das Ende unserer kurzen Geschichte der Arbeit: Wir orientieren uns heute an den Ikonen der modernen Leistungsgesellschaft. Arbeit ist zum Götzen geworden, den wir anbeten und der unserem Leben Sinn verleiht. Sie kann eine Droge sein. Dann läuft man und läuft man wie der Hamster im Rad.

Kapitel 5

Das Ende der Verantwortung

Im Laufe des zwanzigsten Jahrhunderts sind hierarchische und paternalistische Organisationen verschwunden und durch flache Hierarchien ersetzt worden. Das hat unsere Arbeit nicht angenehmer gemacht. Im Gegenteil. In seinem Buch *The Disposable American* beschreibt Louis Uchitelle diesen Prozess eindrücklich. Er tut dies am Beispiel der Firma Stanley Work, einem Werkzeughersteller in New Britain im Staat Connecticut.

In den 60er-Jahren beschäftigte Stanley Work in den USA rund 19 000 Mitarbeiter. Entlassungen gab es höchstens kurzfristig beim temporär beschäftigten Hilfspersonal. Der damalige Direktor war ein angesehener Bürger und Einwohner der Stadt, er war Mitglied des Bildungsausschusses, und seine sechs Kinder besuchten alle die öffentliche Schule. Ende der 70er-Jahre begannen die Schwierigkeiten. Die Konkurrenz aus Asien wurde immer härter, die Produkte der Stanley Work verloren an Konkurrenzfähigkeit. In der Rezession, ausgelöst durch die Ölkrise, erfolgten die ersten Massenentlassungen, damals noch mit der Legitimation, die restlichen Jobs damit sicherer zu machen.

In den 80er-Jahren setzte der vom scheidenden Direktor ausgesuchte Nachfolger die Restrukturierungen in gemäßigtem Tempo fort. Das nationale Verteilzentrum wurde in einen Südstaat ausgelagert, weil es dort keine Gewerkschaften gab. Produktionsstätten wanderten nach Mexiko, Taiwan oder gar China ab, weil dort die Lohnkosten nur einen Bruchteil der amerikanischen Summen betragen. Mittlerweile war jedoch das Zeitalter des Shareholder-Value angebrochen, und die Aktionäre des Unternehmens forderten weiter reichende Maßnamen. 1997 setzte der Verwaltungsrat einen neuen CEO ein, einen Manager von General Electric, der Kaderschmiede des neuen Zeitgeistes. Der neue Mann verdiente nicht nur dreimal mehr als sein Vorgänger, er hatte auch noch Anrecht auf Aktienoptionen in Millionenhöhe.

Der neue CEO setzte sogleich um, was von ihm erwartet wurde. Er schloss 43 der insgesamt 83 Werke von Stanley Work und schrumpfte die Anzahl der Mitarbeiter bis auf 13 500. In New Britain kam das einem Kahlschlag gleich, von den ursprünglich 7 000 Stellen blieben bloß 900 übrig. Die Arbeitsmoral der Mitarbeiter sank auf einen Tiefpunkt. Sie empfanden für ihre Firma keine Loyalität mehr, sondern hatten bloß noch blanken Zynismus übrig. Stanley Work sorgte weiter für negative Schlagzeilen in der lokalen Presse. Der neue CEO erwog ernsthaft, den Hauptsitz der Firma nach Bermuda zu verlegen und damit jährlich 30 Millionen Dollar einzusparen. Mit den lokalen Behörden hatte er kaum Kontakt, über den Bürgermeister und dessen Globalisierungsängste machte er sich lustig. Im Januar 2004 trat er schließlich in den Ruhestand, den redlich verdienten, wie er meinte. Stanley Work hatte gerade einen Rekordgewinn erzielt, die Aktie stand auf einem Allzeithoch. Wer wollte es ihm da verübeln, dass er mit einem Cash-Bonus von 8 Millionen und einem Rentenanspruch von jährlich 1,3 Millionen Dollar in Pension geschickt wurde?

Das Beispiel von Stanley Work hat sich in den USA und in den anderen westlichen Staaten tausendfach wiederholt. Auch die Folgen für die Mitarbeiter ähneln sich. »Seit den Tagen am Ende der 70er-Jahre sind wir langsam wieder auf die Zustände zurückgefallen, wie sie zu Beginn des zwanzigsten Jahrhunderts geherrscht haben«, schreibt Louis Uchitelle. »Tragisch ist, dass die Menschen wissen, was sie verlieren, und dass dieser Verlust sie verletzt.«[1]

Stanley Work zeigt, wie die soziale Verantwortung sich schleichend aus den mittelständischen Betrieben verabschiedet hat. Wie gravierend dieser Wandel tatsächlich war, wird deutlich, wenn man die beiden größten amerikanischen Arbeitgeber der letzten 50 Jahre miteinander vergleicht: General Motors und Wal-Mart.

Was gut für GM ist, ist gut für Amerika

General Motors hat das Auto nicht erfunden und war auch kein Pionier der Massenherstellung. Diese Ehre gebührt Henry Ford. Dessen legendäres T-Modell war 1908 das erste Auto, das am Fließband gefertigt und für den Mittelstand erschwinglich wurde. Fords Automobil war aber bekanntlich nur in Schwarz erhältlich. Der geniale Unternehmer hatte es im Lauf der 20er-Jahre verpasst, dem Bedürfnis seiner Kunden nach Vielfalt Rechnung zu tragen. Diese Chance nutzte GM. Das Unternehmen war dafür wie geschaffen. Es ist aus einem Zusammenschluss verschiedener Marken (Buick, Oldsmobil, Chevrolet und Cadillac) entstanden. Seine Geschäftsphilosophie lautete: »Ein Auto für jedes Bedürfnis und jedes Verhältnis.« In den »Roaring Twenties« entwickelte GM eine fein abgestimmte Palette von Produkten, die jedes Kundensegment gemäß seinen Bedürfnissen bediente. Dank dieses Konzepts wurde GM in kurzer Zeit zum größten Autohersteller der Welt, zum größten Arbeitgeber der USA und zum Modell des modernen multinationalen Konzerns schlechthin.

Gegründet worden war GM von William C. Durant, einem Mann mit visionärer Unternehmenskraft und eingeschränktem Finanzverstand. Anfang des zwanzigsten Jahrhunderts hatte er begonnen, verschiedene Autohersteller unter dem Dach von General Motors zu versammeln. Dabei verspekulierte er sich immer wieder, wurde von den Banken fallengelassen und schließlich von dem Chemieindustriellen Pierre DuPont gerettet. Doch auch ihm wurden Durants finanzielle Eskapaden irgendwann zu viel. Zunächst übernahm er nach einer der vielen Krisen zu Beginn der 20er-Jahre das Zepter selbst. Dann setzte er einen Mann an die Spitze von GM, der zum legendärsten Manager Amerikas werden sollte: Alfred P. Sloan jr.

Sloan war ursprünglich Miteigentümer einer kleinen Zuliefer-firma, die GM aufgekauft hatte. Er profilierte sich zuerst an der Seit Durants und machte sich später bei DuPont unentbehrlich. Als er CEO von GM wurde, musste er zunächst Durants chaotische Hinterlassenschaft in geordnete Bahnen bringen. Diese Aufgabe erledigte Sloan mit Bravour. Dabei erfand er so nebenbei den Pro-totypen für das moderne multinationale Unternehmen. Wie man die Produktion auf Effizienz trimmt, hatte Frederick Taylor bereits entdeckt. Sloan hatte den Blick fürs Ganze. Produktion, Forschung, Verwaltung, Einkauf, Finanzwesen und Marketing wurden sorg-fältig aufeinander abgestimmt. Es gab nun Businesspläne und ein Budget und Dezentralisierung und Zentralisierung wurden sorg-fältig ausbalanciert. Sloan hat tatsächlich ein »wissenschaftliches Management« geschaffen. Seine Erkenntnisse hat er in dem Buch *Meine Jahre mit General Motors* zusammengefasst. Es gilt bis heute als »Mutter aller Managementbücher«. Bill Gates soll ein-mal gesagt haben, es sei das einzige Buch dieses Genres, dessen Lektüre sich lohne.

Angelsächsischer Kapitalismus ist heute gleichbedeutend mit Profitstreben und dem Fehlen sozialer Verantwortung. Das trifft, wenn überhaupt, nur auf das Gesellschaftsmodell zu. Einzelne Un-ternehmen hingegen zeigen oft ein sehr hohes Maß an Verantwor-tung für ihre Mitarbeiter. Ein wichtiger Grund dafür ist die purita-nische Tradition. So hat beispielsweise der von zwei sehr frommen Männern gegründete Mischkonzern Procter & Gamble (zu dessen Marken Pampers, Meister Proper, Ariel und Gillette gehören) schon im neunzehnten Jahrhundert die Arbeitszeit verkürzt, aller-dings mit der Auflage, den Gottesdienst regelmäßig zu besuchen. In der Autoindustrie war solch paternalistisches Denken weitver-breitet. Henry Ford verdoppelte den Mindestlohn für seine Arbei-ter und nahm dabei sogar einen Prozess gegen seine Aktionäre in Kauf. Er tat dies nicht aus reiner Menschenfreundlichkeit, sondern aus ökonomisch sehr sinnvollen Überlegungen heraus. »Autos können keine Autos kaufen«, erklärte er lakonisch in dem Wissen, dass nur anständig bezahlte Arbeiter die Kunden für seine Produkte sein konnten.

Auch Alfred Sloan war alles andere als ein Sozialromantiker. Unter seiner Leitung wurden bei GM schon lange vor dem Zweiten Weltkrieg Bonuszahlungen für leitende Angestellte und Aktienbezugsrechte für Manager eingeführt. Gleichzeitig war sich GM jedoch seiner sozialen Verantwortung bewusst. Stolz zählt Sloan in seinen Memoiren nicht nur die mit den Gewerkschaften ausgehandelten Vergünstigungen wie Krankenkassenbeiträge und Rentenkassenbeiträge auf. »Unsere rund 350 000 Gewerkschaftsmitglieder erhalten viele Leistungen, die nicht in den Gesamtarbeitsverträgen erwähnt sind, und die teilweise vom Unternehmen schon geleistet wurden, bevor die Gewerkschaften überhaupt auf den Plan traten«, schreibt er. »Dazu gehören: Erholungsräume in den Fabriken, Belohnungen für Vorschläge von Mitarbeitern, Weiterbildung und unsere Bemühungen, auch Behinderten eine Arbeit zu ermöglichen.«[2]

GM ist nicht irgendein Unternehmen. Die Autoindustrie hatte schon immer eine Schlüsselposition in der US-Volkswirtschaft. Von ihr hängen Stahlbauer, Textil- und Reifenhersteller, Farb- und Lackproduzenten ab. Die Autoindustrie ist eine sogenannte Multiplikator-Industrie, die nicht nur direkt, sondern auch indirekt für Hunderttausende von Jobs verantwortlich ist. Für »Corporate America« im positiven Sinn – eine liberale Gesellschaftsordnung mit freier Marktwirtschaft, die Wohlstand schafft und den Tüchtigen belohnt – wurde GM bald zum Fixstern, an dem sich alle anderen Unternehmen orientierten. Für den einfachen Blue-Collar-Arbeiter (Industriearbeiter und Handwerker) wurde GM zum Garant für ein gutes Leben. 1968 verdiente ein Fließbandarbeiter auf heute umgerechnet 30 000 Dollar pro Jahr. Das reichte für das eigene Häuschen in der Vorstadt, für das Auto und die Ausbildung der Kinder, zumal Kranken- und Rentenkassenbeiträge ebenfalls vom Arbeitgeber übernommen wurden.

Aus den 50er-Jahren stammt eines der berühmtesten Zitate der Wirtschaftsgeschichte: Charles Wilson, Vizepräsident bei General

Motors, erklärte damals ohne den geringsten Anflug von Ironie: »Was gut ist für GM, ist auch gut für Amerika.« Der Mann hatte Recht, die volkswirtschaftliche Bedeutung von GM war nicht zu überschätzen. Das gilt teilweise bis heute. So berichtete 2006 die *New York Times* über eine Kleinstadt namens Anderson in der Nähe von Indianapolis wie folgt:

»Die generöse Krankenkasse des Unternehmens und die Schecks der Pensionskasse sind die Lebensader für 10 000 GM-Rentner und eine unbekannte Anzahl von Ehegatten und Familienangehörigen, die immer noch in Anderson und der Umgebung leben. Sie füllen die Arztpraxen, Krankenhäuser, Restaurants und Shopping Center. Es gibt viermal mehr GM-Pensionäre als noch aktiv Werktätige. ›Wenn wir sterben, wird diese Stadt sterben‹, sagt der ehemalige GM-Arbeiter Jesse Lollar (83).«[3]

Heute ist GM krank, möglicherweise todkrank. In den 80er-Jahren ist das Unternehmen vom Erfolgspfad abgekommen und hat eigentlich nie wieder auf den richtigen Weg zurückgefunden. Ein Vierteljahrhundert Missmanagement hat Spuren hinterlassen: Für das Geschäftsjahr 2005 meldete GM einen Verlust von über 10 Milliarden Dollar. Es gibt mehr Geld für die Gesundheit seiner Mitarbeiter aus als für Stahl und hat seine Wettbewerbsfähigkeit eingebüßt. Die Folgen für die Arbeitnehmer sind dramatisch. Das zeigt das Beispiel von Delphi. Dieses Unternehmen ist ein eigenständiger Zulieferer, bis 1999 war es ein integrierter Teil von GM. Jetzt ist Delphi bankrott. Das Management verlangte von seinen 25 000 Mitarbeitern ursprünglich eine Lohnkürzung von 67 (!) Prozent. Die Pensionen werden gekürzt, die Krankenversorgung erheblich eingeschränkt, in der Delphi-Pensionskasse klafft ein Loch von 10 Milliarden Dollar, für das Steuerzahler und Pensionäre aufkommen müssen. Inzwischen ist Delphi von einer Private-Equity-Firma (die mit privatem Beteiligungskapital arbeitet) übernommen worden und soll mit harter Hand saniert werden.

GM war Sinnbild des Erfolges der USA und der Marktwirtschaft. Das Unternehmen war der Beweis dafür, dass ein »gutes

Leben« auch für den einfachen Arbeiter am Fließband kein Traum bleiben musste. GM war die vielleicht wirkungsvollste Waffe im ideologischen Krieg gegen den Kommunismus. Doch der Kalte Krieg ist gewonnen und soziale Verantwortung hat im Neoliberalismus keinen Platz. Heute gilt: Was gut ist für GM, ist schlecht für Amerika. Die Autoarbeiter verlassen Detroit und den Staat Michigan in Scharen, über 42 000 waren es allein im Jahr 2006. Die *New York Times* vergleicht diesen Exodus mit dem Schicksal der Landarbeiter aus Oklahoma in den 30er-Jahren, die John Steinbeck in seinem berühmte Roman *Die Früchte des Zorns* beschrieben hat. Autoarbeiter bildeten in den goldenen 30er-Jahren nach dem Zweiten Weltkrieg die Aristokratie der Blue-Collar-Arbeiter. Wer Glück hat, erhält eine Abfindung und landet nicht selten bei einem ganz anderen Arbeitgeber: bei Wal-Mart.

Das meistgehasste Unternehmen der USA

Über eines kann sich Wal-Mart nicht beklagen: mangelnde Aufmerksamkeit. So konnte der *Economist* am 25. Februar 2006 gleich drei neue Bücher über die Warenhauskette ankündigen. Die Titel sprechen für sich: *Der Rüpel aus Bentonville*, *Das Gesicht des 21. Jahrhunderts* und *Wie das mächtigste Unternehmen Amerikas Volkswirtschaft verändert*. Ganz offensichtlich verursachen die tiefen Preise inzwischen sehr hohe soziale Kosten. Wal-Mart ist nicht nur das größte, sondern auch das am meisten gehasste Unternehmen der USA.

Auch GM hat sich mit den Gewerkschaften immer wieder heftige, ja erbitterte Kämpfe geliefert. Nicht von ungefähr ist das erste Werk des linken Filmemachers Michael Moore, *Me and Roger Smith*, eine bitterböse Abrechnung mit dem Autokonzern. Wal-Mart geht aber viel weiter: Es hat die Gewerkschaften erst gar nicht zugelassen. Bis heute ist es den Angestellten, die firmenintern Associates genannt werden, strikt verboten, sich einer Arbeiterorganisation anzuschließen. Seit Jahrzehnten kämpfen die Gewerkschaften vergeblich für ihre Anerkennung. Seit Sam Walton 1962 seinen ersten Laden in Bentonville im Südstaat Arkansas eröffnet hat, sind 3800 weitere dazugekommen. Wal-Mart beschäftigt mittlerweile mehr als 1,7 Millionen Mitarbeiter und hat im Jahr 2005 einen Umsatz von 312 Milliarden Dollar erzielt.

Der inzwischen verstorbene Firmengründer Sam Walton hat ebenfalls eine Biografie verfasst, sie heißt *Made in America*[4]. Der Titel ist irreführend – Wal-Mart lässt inzwischen fast sein gesamtes Sortiment in China herstellen –, der Text eine Anbiederung an das, was Walton für den sogenannten Regular Guy hält: Dieser Durchschnittsamerikaner ist nicht intellektuell, er trinkt weder Latte Macchiato noch Chardonnay, fährt keinen Volvo und spricht sicherlich kein Französisch. Das Buch ist eine Mischung aus peinlicher Prahlerei (Sam Walton war der beste Schüler, der beste Quarterback seines Footballteams, er hat die beste Frau geheiratet, die besten Kinder gezeugt und so weiter) und Management-Gemeinplätzen. Angereichert wird das ganz mit Firmenfolklore wie zum Beispiel: Wir haben uns auch noch als Milliardäre bei Geschäftsreisen ein billiges Hotelzimmer im Holiday Inn geteilt.

Sam Walton pflegte sein Image als volksnaher Aufsteiger im Sinne von Horatio Alger, einem Schriftsteller, der im neunzehnten Jahrhundert in zahlreichen Schundromanen beschrieb, wie man mit Fleiß und Gottesfurcht als Amerikaner reich wird – und der damit tatsächlich reich wurde. Walton holte seine Geschäftsfreunde in einen verrosteten Truck samt Hund ab, sein Geiz war legendär. Doch man kann ihn mit Fug und Recht als einen der rücksichtslosesten Unternehmer der Nachkriegszeit bezeichnen. Er verbot nicht nur Gewerkschaften, sondern auch Beziehungen am Arbeitsplatz. Wal-Mart ist nachgewiesen worden, dass es im großen Stil Kleidung aus sogenannten Sweat Shops, bezogen hat. Das sind ausbeuterische Betriebe, in denen oft unrechtmäßig Kinder beschäftigt werden. Außerdem war man auf illegale Einwanderer gestoßen. Das Unternehmen wird regelmäßig von Klagen unzufriedener Mitarbeiter überschwemmt, sei es, weil Pausen nicht gewährt oder weil Frauen sexuell belästigt oder diskriminiert werden.

Vor allem zahlt Wal-Mart miserable Löhne. 17 000 Dollar verdient ein gewöhnlicher Mitarbeiter dort jährlich, das ist wenig mehr als die Hälfte des Lohns, den GM zahlt. Nicht einmal die Hälfte der Mitarbeiter kommt in den Genuss einer Krankenversicherung. Allein im Bundesstaat Georgia müssen deshalb mehr als 10 000 Kinder von Wal-Mart-Angestellten von der Sozialhilfe unterstützt werden. Der Staat Maryland hat im Januar 2006 ein Gesetz beschlossen, das Wal-Mart verpflichtet, einen größeren Teil der Gesundheitskosten seiner Mitarbeiter zu übernehmen. Dieses Verhalten hat Folgen – es gibt keine Loyalität zum Unternehmen. Während die GM-Arbeiter in der Regel einen Arbeitsplatz fürs ganze Leben angetreten haben, kündigen Wal-Mart-Associates bei der ersten sich bietenden Gelegenheit. Jährlich verlassen mehr als 40 Prozent der gesamten Belegschaft das Unternehmen. Dies ist ganz im Sinne des Managements. Da langjährige Arbeiter mehr verdienen, ist der ideale Wal-Mart-Associate jung und arbeitet Teilzeit.

Trotzdem ist Wal-Mart kein zynisches Abzocker-Unternehmen. Sein langjähriger Slogan: »Immer die tiefsten Preise. Immer« ist mehr als ein banaler Werbespruch. Er ist Ausdruck einer Mission, welche die Manager des Unternehmens durchdringt und die von ihnen mit fast religiösem Eifer gelebt wird. Der Name Wal-Mart ist bisher in der Abzocker-Debatte nie aufgetaucht. »Wal-Mart ist nicht gierig nach Profit; Wal-Mart ist eigentlich auch nicht gierig nach Macht. Wal-Mart ist gierig nach Kontrolle«, schreibt Charles Fishman in seinem Buch *The Wal-Mart Effect*.[5]

Allumfassende Kontrolle und gnadenloser Kostendruck führen tatsächlich zu erstaunlichen Tiefstpreisen. Im Jahr 2004 hat Wal-Mart gegenüber der Konkurrenz Kosten in Höhe von 30 Milliarden Dollar eingespart – und das wird fast vollständig in Form von Preissenkungen und günstigen neuen Produkten an die Kunden

weitergeleitet. So gesehen schenkt Wal-Mart jeder US-Familie jährlich 270 Dollar. »Wie kommt es, dass ein Unternehmen, das so
bescheiden, so unprätentiös, so maßvoll ist, ein Unternehmen, das
so unablässig bemüht ist, den besten Deal zu machen, als schlecht
empfunden wird?«, fragt sich deshalb nicht nur Charles Fishman.[6]

Seine Antwort lautet: Nicht nur die Mitarbeiter werden schlecht
entlohnt. Der Wal-Mart-Effekt durchdringt die gesamte US-Wirtschaft. Fishman vergleicht das Unternehmen mit einer Würge-
schlange: »Es ist kein freier Markt mehr – Wal-Mart regiert den
Markt. Wahlfreiheit wird zur Illusion. Die Lieferanten von Wal-
Mart sind keine ernsthaften Markteilnehmer – sei es bei Hundefut-
ter oder Deodorant, bei Putenfleisch oder Zahnpasta –, wenn sie
nicht mit Wal-Mart im Geschäft sind. Sobald sie jedoch im Geschäft mit Wal-Mart sind, werden ihnen die Bedingungen diktiert,
denn Wal-Mart kontrolliert jedes Geschäftsfeld, in dem das Unternehmen tätig ist.«[7]

Wal-Mart verlangt von seinen Lieferanten dauerhaft tiefe Preise,
selbst wenn es sich bei dem Lieferanten um Procter & Gamble handelt. Dieser Riesenkonzern beschäftigt selbst zirca 100 000 Mitarbeiter und tanzt trotzdem nach der Pfeife von Bentonville. Weshalb?
Wal-Mart ist bedeutender als die nächsten zehn Procter & Gamble-
Kunden zusammengenommen. Volkswirtschaftlich gesehen fördert
dieser Druck die Produktivität. Es gibt ernstzunehmende Theorien,
wonach das höhere Produktivitätswachstum der USA gegenüber
Europa in den 90er-Jahren hauptsächlich auf den Wal-Mart-Effekt
zurückzuführen sei. Was die neoklassischen Ökonomen entzückt,
ist für die direkt Betroffenen weniger lustig.

Wer in den Kreis der Wal-Mart-Lieferanten aufgenommen wird,
wird das anfangs sicherlich wie einen Sechser im Lotto empfinden.
Der Umsatz explodiert über Nacht, und die Experten aus Bentonville sind auch gerne dabei behilflich, wenn es darum geht, Prozesse zu optimieren. Doch die anfängliche Euphorie weicht meist
der Ernüchterung. Der Kostendruck hört nie auf, denn Wal-Mart

meint es ernst mit den tiefsten Preisen. Immer. Irgendwann sind die letzten Fettpolster abgebaut. Dem Lieferanten bleibt die Wahl zwischen Pest und Cholera. Entweder er macht Abstriche bei der Qualität. Das hat beispielsweise der Jeans-Hersteller Levi Strauss gemacht. Er beliefert Wal-Mart zähneknirschend mit einer Billiglinie, sonst wäre das Traditionsunternehmen in den Bankrott gestürzt. Oder der Lieferant verlegt seine Produktion in ein Billiglohnland.

Was Wal-Mart mit der einen Hand gibt (billige Produkte), nimmt es mit der anderen wieder weg (Lohndruck und Outsourcing). Die Bilanz ist nachweislich negativ: Stephan Goetz, Ökonom an der Penn State University, ist der Frage nach den Wohlstandeffekten von Wal-Mart nachgegangen. Er hat dabei die Wohlstandsentwicklung von Regionen mit und solchen ohne Wal-Mart verglichen. (Es gibt nach wie vor Staaten, in denen die Warenhauskette nicht erwünscht ist, beispielsweise Kalifornien). Das Fazit von Goetz ist ernüchternd: In Regionen ohne Wal-Mart ist während einer Periode von zehn Jahren die Armut um 10 Prozent langsamer gestiegen als in Regionen mit Wal-Mart. Insgesamt hat die Studie ergeben, dass wegen Wal-Mart rund 20 000 US-Familien in Armut leben.[8]

Der neue Mittelstand: immer schön flexibel

GM war der sozialpolitische Triumph von Corporate America. Wal-Mart ist seine Schande. Die Zukunft scheint Wal-Mart zu gehören. »Das McKinsey Institute bezeichnet Wal-Mart als Avantgarde im Bereich der fortschrittlichsten Unternehmen«, stellt der Soziologe Richard Sennett fest. »Seine Produktivität resultiert aus einer ›ständigen Innovation im Bereich der Unternehmensführung‹, die alle Macht im Zentrum des Giganten konzentriert, die Gewerkschaften zur Ohnmacht verurteilt und die Masse der Mitarbeiter so behandelt, als wären sie nur vorübergehend beschäftigte Zeitarbeiter.«[9]

Das Modell Wal-Mart ist längst nicht mehr nur für Arbeitnehmer ohne Ausbildung und ohne gewerkschaftlichen Schutz gültig. Immer breitere Kreise des Mittelstandes geraten unter sein Diktat. Wie das konkret aussieht, schildert die Journalistin der *New York Times*, Barbara Ehrenreich, in ihrem Buch *Bait and Switch*. Unter ihrem Mädchennamen hat die Fachfrau mit Hochschulabschluss einen Job als PR-Beraterin gesucht. Sie erlebt, dass sie für ihren Lebenslauf mehr Energie aufwenden muss als einst für ihre Uni-Abschlussarbeit, und zahlt fürstliche Honorare an schmierige Personaltrainer, die sie mit hohlen Durchhalteparolen eindecken. Ihr Fazit nach einem Jahr voller fruchtloser Mühen, Demütigungen und Absagen lautet: »Wenn irgendjemand glaubhaft des Verschwinden des amerikanischen Traumes bezeugen kann, dann sind es die Mittelstandsamerikaner ohne Job – die Menschen, die ›nach den Regeln gespielt haben‹, die alles richtig gemacht haben, und trotzdem in den Ruin getrieben wurden.«[10] Oder, wie Richard Sennett schreibt: »Im mittleren Bereich haben die Menschen Angst vor Entlassung, Marginalisierung oder Unterbeschäftigung. Das institutionelle Modell der Zukunft bietet ihnen weder eine lebenslange Perspektive in der Arbeit noch die Aussicht auf sonderlich große Sicherheit im staatlichen Bereich.«[11]

Richard Sennett hat sich mit seiner These vom »flexiblen Menschen« als einer der führenden Sozialwissenschaftler der Gegenwart etabliert. In seinem Buch *Die Kultur des neuen Kapitalismus* analysiert er den Wertewandel in der Arbeitswelt und die Auswirkungen auf die Menschen. Ein traditionelles Unternehmen wie GM hat einerseits ein hohes soziales Bewusstsein und vermittelt ein Gefühl von Gemeinschaft. Gleichzeitig ist es hierarchisch organisiert und orientiert sich an militärischen Vorbildern. Verglichen mit einem modernen Unternehmen mit flachen Hierarchien und mit Kompetenzen ausgestatteten Mitarbeitern hat das traditionelle Unternehmen ein Freiheitsdefizit. Trotzdem ist es ihm besser gelungen, den Mitarbeitern Sicherheit und kulturelle Identität zu vermitteln. »Die Pyramide besaß eine relativ klare und stabile Identität, die für das Selbstgefühl der Beschäftigten bedeutsam war«, schreibt Sennett. »Gut geführte Unternehmen vermittelten den Beschäftigten ein Gefühl des Stolzes, schlecht geführte immerhin eine gewisse Orientierung.«[12]

Flache Hierarchien sind das Merkmal des flexiblen Unternehmens des einundzwanzigsten Jahrhunderts geworden. Freiheit gibt es scheinbar zuhauf, doch wozu dient diese Freiheit? Viele können mit der Freiheit schlecht umgehen, weil sie von (berechtigten) Ängsten um ihren Arbeitsplatz geplagt werden. Sie verfallen in panische Arbeitswut. Das paternalistische Unternehmen, das Sicherheit vermittelte und dem das Wohl seiner Arbeitnehmer am Herzen lag, ist zumindest im Bereich der großen Konzerne kaum noch zu finden. Hinzu kommt: Auch fundiertes Wissen und handwerkliches Können bieten keine Sicherheit mehr. Sie haben an Bedeutung verloren, und eine Karriereleiter, die man aufgrund seines einmal erworbenen Wissens in kleinen Schritten erklimmt, gibt es nicht mehr. Wissen hat paradoxerweise gerade in der Wissensgesellschaft eine sehr kurze Halbwertszeit. Das Fachwissen ist oft schon veraltet, wenn man das Berufsdiplom gerade in der Hand hält. »Ein Abschlusszeugnis einer guten Universität war alles, was man früher für eine sichere Karriere brauchte«, stellt auch der Unternehmensberater Dov Seidman in seinem Bestseller *How* fest. »Heute beschäftigt Starbucks Kellner mit einem Doktortitel. Ingenieure waren äußerst gesucht, aber seit die chinesischen und indischen Hochschulen sie in Massen ausspucken, ist ein Ingenieurs-Zeugnis ebenfalls keine Garantie mehr für den Erfolg.«[13]

Der Zerfall des Wissens nimmt im modernen Kapitalismus immer dramatischere Züge an. Seidman fasst diesen Trend sehr prägnant zusammen: »Ins WAS zu investieren [Produkte und Dienstleistungen, Anm. der Verfasser] hat den Kapitalismus des zwanzigsten Jahrhunderts angetrieben, aber diese Tage sind vorbei. Sollten die McVickers mit einem Play-Doh [eine Art Knetmasse für Kinder, Anm. der Verfasser] heute auftauchen, dann würde es jemand nach China bringen, es kopieren lassen und es innerhalb von Wochen zu einem Bruchteil des Preises weltweit vertreiben. Eine Maschine von Xerox würde das gleiche Schicksal in wenigen Monaten ereilen. Es ist in einer Welt voller Waren sehr schwierig geworden, ein besseres Produkt zu erfinden.«[14] Für den Unternehmensberater Seidman ist deshalb klar, dass sich Unternehmen nur noch durch ihre Kultur, ihr WIE, und nicht mehr durch ihre Produkte unterscheiden. »Unternehmen erreichen Grenzen, was die Optimierung von Prozessen betrifft. Die Spieße sind für alle gleich lang geworden«, schreibt er. »Praktisch alle haben gelernt, die Fehler auf kleinste Quoten zu reduzieren, alle Telefonanrufe werden beim zweiten Klingeln beantwortet, und wir trinken mittlerweile alle Caffè Latte. Wir haben die Prozesse und Performance vereinheitlicht, weitere Verbesserungen lohnen sich kaum mehr.«[15]

Nicht allein die heute verminderten Chancen für einen Berufseinstieg, sondern auch das Ende der traditionellen Karriere, die fest auf einem einmal erworbenen Wissen aufbaute, hat den Trend- und Jugendforschern ein neues Sujet geliefert: die »Generation Praktikum«. Die Karriereleiter des traditionellen Unternehmens ist ersetzt worden durch eine wahllose Ansammlung von Tätigkeiten, die keinen Bezug mehr zueinander haben. Ein typisches Beispiel für dieses Phänomen schildert die *NZZ am Sonntag*: »Marius begann die Kunstschule in Lausanne, brach ab, fing an, in Zürich Filmwissenschaften und Philosophie zu studieren, brach wieder ab, besuchte verschiedene Kurse, hat heute ›Projekte im Gestaltungsbereich am Laufen‹, gibt Tango-Stunden und arbeitet einmal pro Woche an der Kasse eines Sexkinos.«[16] Das ist ganz sicher eine befriedigende Arbeit.

Kapitel 6

Arbeit um jeden Preis

Die Produktivität steigt, der Konsum hält nicht mit, die Arbeit wird weniger. Haben Sie sich nicht auch schon einmal gefragt, warum außer den Politikern auch die meisten Ökonomen die Forderung nach mehr Arbeit für alle unterstützen? Die Antwort ist ganz einfach: Weil für gelernte Ökonomen die Endlichkeit der Bedürfnisse oder auch nur eine relative Sättigungsgrenze eine unerträgliche Vorstellung ist. Ökonomie ist die Wissenschaft vom Umgang mit knappen Mitteln. Und diese Mittel bleiben bei zunehmender Effizienz nur dann knapp, wenn es immer neue Zwecke und Bedürfnisse gibt, die man damit befriedigen kann. Deshalb suchen die Ökonomen eifrig nach diesen neuen Bedürfnissen, wenn es sein muss auch in weiter Ferne: Die Bedürfnisse werden globalisiert, irgendwo auf der Welt gibt es immer ein ungestilltes Verlangen, das man befriedigen kann. Und hat es nicht schon immer neue Produkte gegeben, die man sich früher noch gar nicht vorstellen konnte und die uns heute unentbehrlich erscheinen?

Arbeit verschafft man sich durch den Sieg im globalen Standortwettbewerb. So schreibt etwa Thomas Straubhaar, Leiter des Hamburgischen WeltWirtschaftsInstituts (HWWI): »Massenbeschäftigung in Deutschland verlangt heute und so rasch wie möglich, optimale Voraussetzungen für wertschöpfungs- und arbeitsintensive Geschäftsfelder zu schaffen. Es gilt, die Marktkräfte für neue Technologien zu entfesseln, sodass Erfindungen schnell zu Innovationen und Wertschöpfung führen. (…) Deutschland ist auf Erfolge in wertschöpfungs- und arbeitsintensiven Geschäftsfeldern zwingend angewiesen, um für eine Massenbeschäftigung neue Perspektiven zu eröffnen. Dazu bedarf es der Bereitschaft, die Chancen neuer Technologien auch angesichts von Risiken positiv zu sehen. (...) Wieso soll Deutschland nicht zum weltweit führenden Altersheim werden, in dem ältere, wohlhabende Menschen aus aller Welt nach neuesten geriatrischen Methoden und mit viel Empathie und Wärme gepflegt werden? Wieso soll Deutschland nicht zum globalen Krankenhaus werden, in dem zahlungsfähige Patient(inn)en medizinisch besser behandelt und betreut werden als sonst wo auf der Welt? Wieso soll Deutschland nicht zum Bildungszentrum werden, das Menschen allen Alters aus- und weiterbildet? Wieso soll Deutschland nicht zur Logistikdrehscheibe, dem Schiedsgerichtshof oder dem Forschungsstandort der Welt werden? Es braucht eine Strategie für Massenbeschäftigung statt eine Strategie gegen Massenarbeitslosigkeit.«[1]

Straubhaar bewegt sich ganz in der betriebswirtschaftlichen Logik des Standortwettbewerbs: Arbeit beschafft man sich, indem man sie den anderen wegnimmt, so wie sich Coca-Cola Kunden auf Kosten von Pepsi erkämpft. Deutschland und die Schweiz sind, so gesehen, beide sehr erfolgreich, sie produzieren jährlich zwischen 5 und 10 Prozent mehr, als sie konsumieren. Doch wenn Deutschland zum Altersheim für die Reichen der ganzen Welt wird, stellen sich ganz neue Fragen. Für wen arbeiten dann beispielsweise die Brasilianer, wenn alle reichen Alten ihres Landes mit ihrer beträchtlichen Kaufkraft in Deutschland sind?

Die gleiche Medizin für alle kranken Männer

Wer Arbeit als Lohn für den Sieg im globalen Standortwettbewerb sieht, der landet zwangsläufig bei der Forderung nach niedrigen Löhnen und flexiblen Arbeitsmärkten. Diese Forderung taucht immer und immer wieder als Allheilmittel für die »kranken Männer Europas« – Deutschland, Frankreich und Italien – auf. So empfahl der Internationale Währungsfonds im September 2006 den Deutschen: »Um (die Arbeitslosenquote) zu senken, muss die Nachfrage nach Arbeit durch ein tieferes Lohnniveau insbesondere für die unqualifizierten Arbeitnehmer gestärkt werden. Des Weiteren muss die Bereitschaft zur Aufnahme einer Beschäftigung gestärkt werden. Die Verkürzung der Bezugsdauer des Arbeitslosengeldes hat jedoch noch nicht die erhoffte Wirkung gezeigt. (…) Deshalb sollte das Arbeitslosengeld II bei mangelnder Bereitschaft zur Arbeitsaufnahme um 30 Prozent gekürzt werden, wie dies unter anderem der Sachverständigenrat empfohlen hat.«[2]

In Italien schreibt der einflussreiche *Corriere della Sera*: »Woher soll die Arbeit kommen? Die Unternehmen? Sie stehen in der globalen Konkurrenz. Der Staat? Undenkbar. Dazu bräuchte es eine Planwirtschaft wie damals in der UdSSR. Jetzt ist der Moment gekommen, da wir einige Illusionen fahren lassen und einer harten Realität ins Gesicht sehen müssen. Die Globalisierung ist nicht Coca-Cola und McDonald's, wie einige glauben, sondern eine gnadenlose Konkurrenz, die niemand bremsen kann.«[3]

In Frankreich hat Jacques Marseille, Professor für Wirtschaftsgeschichte an der Sorbonne und Erfolgsautor, einen »Krieg« entdeckt, eine Art Bürgerkrieg zwischen den Fleißigen und den Faulen. Frankreich ist laut Marseille im globalen Wettbewerb ins Hintertreffen geraten, weil die Fleißigen vom »Abschaum« (wie sich der neue Präsident Nicolas Sarkozy auszudrücken pflegte) gebremst werden. Schenkt man dieser wirtschaftspolitischen Dolchstoßlegende Glauben, kann Frankreich nur genesen, wenn die Fleißigen von ihrer Last befreit werden. Konkret bedeutet dies: Runter mit den Lohnnebenkosten, rauf mit der Arbeitszeit.

In unseren Medien häufen sich Meinungsbilder, die offenbar davon ausgehen, dass Arbeitslosigkeit die Folge von Faulheit sei, die es nur zu überwinden gelte. Dieser monokausale Ansatz erzeugt eine ganz bestimmte Stimmung und lässt alternative Denkansätze völlig außer Acht. »Wir müssen den Langzeitarbeitslosen hohe finanzielle Anreize bieten, damit sie sich selbst aus der Arbeitslosigkeit herausarbeiten«, zitiert etwa die *Financial Times Deutschland* den Ökonomen Alexander Spermann vom Zentrum für Europäische Wirtschaftsforschung.[4]

Es ist wahrscheinlich richtig, dass sich unter den Arbeitslosen ein überproportionaler Anteil an antriebsschwachen und wenig qualifizierten Menschen befindet. Ebenso trifft es zu, dass darunter relativ viele Unqualifizierte, Junge, psychisch labile Menschen und Ausländer sind. Und es ist wahr, dass sich Alte, Hausfrauen und Invalide weniger intensiv um eine Arbeit bemühen, da sie ohnehin wenige Chancen auf dem Markt haben. Wenn zu wenig Arbeit da ist, trifft es eben nicht alle in gleichem Maße. Es findet ein Ausleseprozess statt, bei dem die Schwachen auf der Strecke bleiben, auch wenn sie sich noch so sehr bemühen.

Europaweit zielt die Politik darauf ab, möglichst alle Rand- und Risikogruppen wieder in bezahlte Arbeit zu bringen. Die intellektuellen Grundlagen dieser Politik stammen aus der Küche der OECD, einem der maßgebenden Think Tanks der modernen Wirtschaftspolitik. Von ihren »beschäftigungswirksamen Strukturreformen« (employment enhancing structural reforms) hat sich auch die EU-Kommission leiten lassen und ihre Ergebnisse im Jahr 2000 in der sogenannten Lissabon-Agenda festgehalten.

Konkret sehen die wichtigsten Beschäftigungsziele der EU wie folgt aus: Bis 2010 soll die allgemeine Beschäftigungsquote auf 70 Prozent angehoben werden (2004: 63 Prozent), die Beschäftigungsquote der Frauen auf 60 Prozent (2004: 55 Prozent) und die Beschäftigungsquote der über 55-Jährigen auf 50 Prozent (2004: 40 Prozent). Um diese Ziele zu erreichen, müssten in den 25 EU-Ländern bis 2010 rund 20 Millionen neue Arbeitsplätze geschaffen werden. Mit diesen 20 Millionen neuen Jobs sollte es möglich sein, Arbeitslose, vor allem Langzeitarbeitslose, wieder zu beschäftigen. Damit würde man auch der Forderung, dass sich »Arbeit wieder lohnen muss«, gerecht werden. Gleichzeitig sollte auch der demografischen Entwicklung Rechnung getragen und das Pensionsalter erhöht werden.

In Deutschland hat sich die Regierung Schröder bei der Entwicklung der Agenda 2010 von der Lissabon-Agenda inspirieren lassen. Mit den Hartz-Gesetzen wurde die Bezugsdauer der Leistungen aus der Arbeitslosenversicherung massiv verkürzt und die Sozialhilfe mit dem Arbeitslosengeld zusammengelegt. Damit wurde der Druck auf die Arbeitslosen, eine auch schlecht bezahlte Arbeit anzunehmen, erhöht. Zudem wurde der Flächentarifvertrag durch eine ganze Flut von Sonderregelungen ausgehöhlt. Das zeigt Wirkung: Seit 2000 sind die Arbeitskosten in Deutschland um rund 12 Prozent langsamer gestiegen als in den übrigen EU-Ländern.

Zwischen 2005 und 2007 ist das deutsche Bruttoinlandsprodukt um rund 6 Prozent gewachsen und die Arbeitslosigkeit ist um rund 900 000 gesunken: ein auf den ersten Blick spektakulärer Erfolg. Heißt dies nun, dass die Hartz-Reformen gewirkt haben? Dieses Urteil ist gewagt und zumindest voreilig. Konjunkturelle Aufschwünge hat es schon vor den Hartz-Reformen und vor der Agenda 2010 gegeben. Rund 2 Prozent mehr Jobs in zwei Jahren Aufschwung mögen nach den neuen deutschen Maßstäben berauschend sein, aber sie sind zumindest nach internationalen Maßstäben nicht außergewöhnlich. Hinzu kommt, dass dieser Aufschwung auch nach zwei Jahren noch fast ausschließlich vom Export beziehungsweise von wachsenden Exportüberschüssen getragen wird. Anno 2000 belief sich der Überschuss noch auf 59 Milliarden Euro, 2006 waren es schon 164 Milliarden, und die Ergebnisse des ersten Halbjahrs 2007 lassen für das ganze Jahr einen Überschuss von 190 Milliarden erwarten. Rechnet man mit Kosten von 50 000 Euro pro Arbeitsplatz, so hat die Zunahme des Exportüberschusses seit 2000 gut zwei Millionen Arbeitsplätze geschaffen.

Leider gibt es bisher auch wenig Anzeichen dafür, dass sich der Exportboom in einen aus eigener Nachfrage getragenen Aufschwung verwandelt. Die Investitionen nehmen zwar weiter stark zu, aber auch das ist weitgehend der blühenden Exportwirtschaft zu verdanken. Der Konsum hingegen ist im ersten Halbjahr 2007 erneut nur um 0,1 Prozent gestiegen und auch bei den Löhnen gibt es noch wenig Anzeichen für eine Trendwende.

Exkurs: Die Blindheit der Politik am Beispiel der OECD

Wer mit uns etwas tiefer in die Blindheit der Politik am Beispiel der OECD eintauchen möchte, den laden wir ein, uns in diesen etwas wissenschaftlicheren Exkurs zu folgen. Alle anderen Leser mögen ihn überspringen und mit dem nächsten Abschnitt »Futter für die Arbeitswut: Die sozialen Unterschiede nehmen zu« fortfahren.

Eine der zentralen Aussagen unseres Buches betrifft den Zusammenhang von Produktivitätssteigerung und Verringerung des Arbeitsvolumens pro Kopf der Bevölkerung. Sie lautet: *Steigende Produktivität führt zu sinkender Beschäftigung.* Das lässt sich mit konventionellen ökonomischen Argumenten leicht begründen und es ist auch empirisch gut belegt. Für eine exaktere Darstellung dieses Zusammenhangs müsste man allerdings noch ein paar andere Einflussgrößen wie beispielsweise die Umschichtung von Hausarbeit und Erwerbsarbeit berücksichtigen.

Im *Employment-Outlook 2007* setzt sich auch die OECD mit genau diesem Thema auseinander. Auf Seite 60 des Berichts illustriert eine Grafik die Entwicklung der Produktivität und der Beschäftigung pro Kopf der Bevölkerung in den Jahren 1970 bis 2005 in 15 Industrieländern (siehe Grafik auf Seite 64). Die Botschaft der Grafik ist bekannt: Je stärker die Produktivität steigt, desto mehr nimmt die Arbeitsmenge ab.

Überraschend und aufschlussreich ist aber das, was die OECD mit dieser Grafik macht. Zunächst einmal fällt auf, dass sie zu einem Kapitel mit der folgenden Überschrift gehört: »Mehr Jobs oder weniger Produktivität? Die Auswirkungen der Arbeitsmarktmaßnahmen auf die Produktivität.« Auch die Überschrift über der Grafik mutet seltsam an: »Das Wachstum des Arbeitseinsatzes und

Grafik 1: Das Wachstum des Arbeitseinsatzes[a] und der Zuwachs der Produktivität[b] sind negativ korreliert (durchschnittliche jährliche Wachstumsraten in Prozent, 1970–2005)

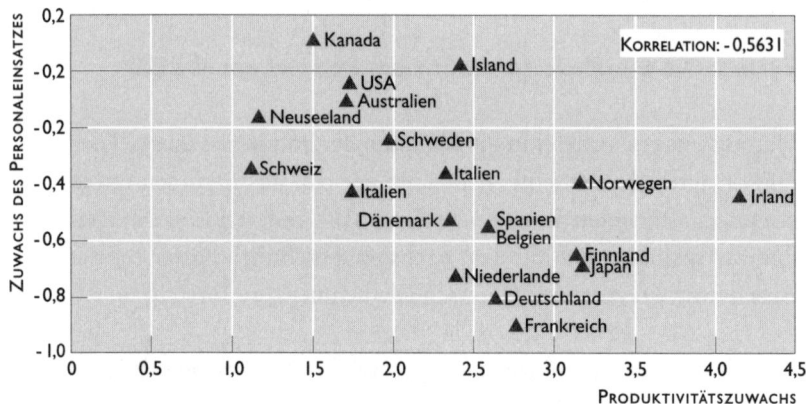

a. Anstieg der Gesamtarbeitszeit geteilt durch die Gesamtbevölkerung
b. Wachstum des Bruttosozialprodukts pro Arbeitsstunde

Quelle:
OECD Productivity database

der Zuwachs der Produktivität sind negativ korreliert.« Man reibt sich die Augen: Warum ist da von »mehr Jobs« und vom »Wachstum des Arbeitseinsatzes« die Rede, wo doch die vorhandenen Daten klar zeigen, dass die Arbeit weniger wird? Von den 17 Punkten liegt einer auf und liegen 15 unter der horizontalen Null-Linie. In 15 von 17 westlichen Industrieländern ist der Arbeitseinsatz (hier gemessen an den Arbeitsstunden pro Kopf der Bevölkerung) im Zeitraum 1970 bis 2005 zurückgegangen. Das Durchschnittsland mittendrin ist Dänemark mit 2,3 Prozent Produktivitätswachstum und 0,6 Prozent jährlichem Rückgang der Arbeitszeit.

Zweitens fällt auf, dass die OECD von einem anderen logischen Zusammenhang ausgeht: Während wir von der steigenden Produktivität auf den sinkenden Arbeitseinsatz schließen, geht die OECD von der genau gegenteiligen Wirkungskette aus. Sie stellt fest, dass eine steigende Beschäftigung zu einer sinkenden Produktivität führt.

Warum dieser völlig konträre Zugang zu denselben Daten? Die Erklärung liegt vermutlich darin, dass die Ökonomen der OECD nicht in erster Linie Wissenschaft betreiben, sondern eine bestimmte Politik rechtfertigen müssen. Seit Jahren predigt die Weltwirtschaftsorganisation ihren 27 Mitgliederländern, dass sie erstens die Beschäftigung erhöhen müssen, und mit welchen »beschäftigungswirksamen Strukturreformen« sie zweitens dieses Ziel erreichen können. Da fällt es schwer, einzusehen, dass der Trend seit Jahrzehnten und über alle Konjunkturzyklen hinweg in die Gegenrichtung geht, selbst wenn die eigenen Zahlen dies klar zeigen.

Das erklärt auch, warum die OECD noch nicht einmal in Erwägung zieht, dass die steigende Produktivität der Grund für die sinkende Beschäftigung sein könnte. Sie bezweckt mit ihrer Strukturpolitik eine steigende Beschäftigung – in Wirklichkeit bewirkt sie aber bestenfalls eine Verlangsamung des Beschäftigungsrückganges. In verschiedenen Studien wurde nun darauf hingewiesen, dass dies zu einem Rückgang der Produktivität führt. Die OECD zitiert eine Studie, wonach 1 Prozent mehr Beschäftigung (genauer: ein um einen Prozentpunkt verlangsamter Rückgang der Beschäftigung) die Produktivität der Gesamtwirtschaft um 0,7 Prozent senkt, oder anders gesagt: 1 Prozent mehr Beschäftigung bringt nur 0,3 Prozent mehr Sozialprodukt. Wenn diese Feststellung zutrifft, liegt die Produktivität der neu geschaffenen Jobs im Schnitt 70 (!) Prozent unter dem Niveau der bisherigen Jobs.

Heißt das nun, dass die Strukturmaßnahmen der OECD ausschließlich Schrott-Jobs schaffen? Die Organisation selbst bestreitet das vehement. Die Strukturreformen minderten nicht etwa die Produktivität der bestehenden Arbeitsplätze. Sie führten vielmehr dazu, dass auch wenig qualifizierte Arbeitskräfte eine Arbeit finden, die auch entsprechend wenig produktiv sei. Das drücke den Durchschnitt. Etwas pointiert ausgedrückt heißt das: Die geringe Produktivität der neuen Jobs kommt daher, dass die neu Beschäftigten (bisherigen Arbeitslosen) für eine produktive Arbeit nicht zu gebrauchen sind. »Es ist deshalb falsch«, so schließt die OECD,

»den Erfolg der Strukturreformen am Wachstum der Produktivität zu messen.«[5]

Belege für ihre kühne Behauptung zur beruflichen Qualifikation der Arbeitslosen liefert die OECD selbstverständlich keine. Sie wären auch angesichts der errechneten Größenordnungen schwerlich zu finden. Vielmehr schließen die OECD-Ökonomen einfach von der geringen Produktivität der neuen Jobs auf die Produktivität der Arbeitnehmer.

Futter für die Arbeitswut: Die sozialen Unterschiede nehmen zu

Insgesamt zeigt die von den OECD-Päpsten empfohlene Beschäftigungspolitik der Flexibilisierung bisher enttäuschende Resultate. Auch bei den Ökonomen wird deshalb Skepsis laut. War die Diagnose falsch und kann deshalb die Therapie gar nicht wirken? Zu diesem Schluss kommt beispielsweise Richard B. Freeman, Professor und Arbeitsmarktexperte an der Harvard-Universität. »Die Evidenz zeigt, dass die Institutionen des Arbeitsmarkts die Ungleichheit der Einkommen reduzieren, aber hinsichtlich anderer Wirkungen insbesondere auf die Beschäftigung und die Arbeitslosigkeit sind die Ergebnisse unklar und widersprüchlich«, schreibt er in einer Studie zu den Auswirkungen der Strukturreformen auf den Arbeitsmarkt. Und weiter: »Die Zeitreihenmodelle, auf welche die OECD ihre Empfehlungen gestützt hat, haben sich im Nachhinein als wenig robust erwiesen. Die beobachteten Zusammenhänge verkehrten sich teilweise ins Gegenteil, nachdem man die Modelle um ein paar zusätzliche Jahre und Länder erweitert hatte.«[6]

Die Idee, dass rigide Arbeitsmärkte die wichtigste Ursache der Arbeitslosigkeit sein könnten, ist relativ neu. Bis Anfang der 80er-Jahre hatten die USA deutlich höhere Arbeitslosenquoten als die europäischen Länder. Arbeitslosigkeit galt als »amerikanische

Wirtschaftspolitischer Sonderfall Deutschland (jährliche reale
Veränderung von 1991 bis 2006 in Prozent)

	USA	GB	Eurozone ohne D	Deutsch- land
Beschäftigung total	1,4	0,7	1,1	0,0
Davon Staat	1,1	0,1	0,8	-1,4
Private Investitionen	6,1	3,4	2,3	0,4
Staatliche Investitionenen	4,5	4,6	3,6	-2,2
Löhne	3,3	2,7	–	0,7
Geldmarktzins abzüglich BIP-Wachstum nominal	-1,3	0,5	0,0	1,4

Krankheit«. Erst als sich dies änderte, setzte sich allmählich die
These durch, dass die weniger regulierten Arbeitsmärkte der USA
der Grund für die bessere Beschäftigungsentwicklung sein könnten.
Andere Unterschiede zwischen den beschäftigungspolitisch erfolgreichen und den weniger erfolgreichen Ländern wurden nicht be-
achtet. Dabei sind sie – wie unsere Tabelle[7] zeigt – mindestens so
offensichtlich wie die Unterschiede bei den Institutionen des Arbeitsmarktes.

Die Zahlen sprechen eine klare Sprache: In Deutschland hat der
Staat Personal abgebaut, die Investitionen gedrosselt und eine
Hochzinspolitik betrieben beziehungsweise sich durch die deflatio-
näre Wirtschaftspolitik eingebrockt. (Die Differenz zwischen den
Geldmarktzinsen und dem nominellen Wachstum des Bruttoin-
landsprodukts ist ein Maßstab für die Tragbarkeit von Zinsen aus
Sicht der Unternehmen und der Haushalte.) Das erklärt auch die
extrem geringe Zunahme der privaten Investitionen. Zudem haben

sich Staat und Tarifparteien auf eine Politik der Lohnzurückhaltung verständigt, die nach dem Wiedervereinigungsboom zu einer
Verlangsamung und seit 2000 zu einem Stillstand der Löhne geführt hat.

Dass all dies die Ursache für die im Vergleich zu den anderen
Ländern deutlich schlechtere Entwicklung der Beschäftigung war,
ist mit diesen Zahlen zwar nicht definitiv bewiesen. Zumindest
liegt aber der Verdacht nahe, dass die verzweifelten Versuche, die
Arbeitslosigkeit allein mit den Institutionen des Arbeitsmarkts zu
erklären, weitestgehend gescheitert sind. Offensichtlich hat man
am falschen Ort gesucht.

Selbst die OECD will inzwischen nicht mehr so richtig an ihre
eigene Diagnose glauben. Im *Employment-Outlook 2007* gibt sie
das Scheitern ihrer Theorien und Reformvorschläge zumindest
teilweise zu. So heißt es dort neuerdings: »Einige haben behauptet,
dass nur Länder mit marktorientierten Beschäftigungspolitiken (ge-
kennzeichnet durch einen minimalen Wohlfahrtsstaat und wenig
regulierte Arbeitsmärkte) gleichzeitig steigende Beschäftigung und
steigende Produktivität aufweisen können. Diese Behauptung kann
jedoch aufgrund der in diesem Kapitel aufgezeigten Fakten nicht
aufrechterhalten werden. Es hat sich vielmehr gezeigt, dass auch
Länder mit gut ausgebautem Wohlfahrtsstaat und intelligenten Ar-
beitsmarktregulierungen mit starkem Arbeitsanreiz hohe Wachstumsraten des Bruttosozialprodukts erzielen können.«[8]

Die OECD gibt damit immerhin indirekt zu, dass die von ihr
empfohlene Deregulierung der Arbeitsmärkte und der Abbau der
Sozialsysteme nicht die einzig wirksame Waffen im Kampf gegen
die Arbeitslosigkeit sind. Und wichtiger noch: Die OECD bestätigt
damit, dass die Ungleichheiten bei den Einkommen stark zugenommen haben. Im *Employment-Outlook 2007* widmet sie diesem Thema mehrere Kapitel, wobei sie den Schwerpunkt auf den
sinkenden Anteil der Löhne am Bruttoinlandsprodukt legt.

Die Lohnfrage ist mittlerweile eine zentrale Frage der aktuellen
Politik geworden. Sie beschäftigt auch die Wissenschaft. Eine

große Zahl von Untersuchungen zeigt, dass die Ungleichheit nicht einfach das Ergebnis anonymer und unaufhaltsamer Marktkräfte oder der »Globalisierung« ist, sondern ganz wesentlich durch die nationale Politik beziehungsweise durch die Institutionen bewirkt wird. Die Studie *Ungleichheit und Institutionen* der beiden Ökonomen Frank Levy und Peter Temin vom Massachusetts Institute of Technology (MIT) etwa kommt zu folgendem Schluss: Der starke und über alle sozialen Schichten breit gestreute Lohnanstieg bis 1973 war das Resultat einer bewusst arbeitnehmerfreundlichen Politik. Regierung, Arbeitgeber und Gewerkschaften bildeten zusammen eine Art Lohn-Gewinn-Kartell, das sich den Produktivitätsgewinn brüderlich teilte. Die Folge: Von 1945 bis 1973 haben sich sowohl die Produktivität als auch die Einkommen in etwa verdoppelt. In der zweiten Hälfte der 70er-Jahre zerfiel dieses Kartell, in den 90er-Jahren setzte sich der Shareholder-Kapitalismus endgültig durch. Die Folge: Von 1980 bis 2005 stieg die Produktivität nur noch um 67,4 Prozent und die Löhne blieben mit einem Zuwachs von 19 Prozent weit zurück.[9]

Deutschland ist ein besonders beunruhigendes Beispiel für diese Entwicklung. Der Lohndruck ist vor allem hausgemacht. Spätestens seit dem »Bündnis für Arbeit« von 1986 betreibt Deutschland konsequent eine Politik der »Lohnzurückhaltung« zugunsten der Beschäftigung. Mit der Hartz-Reform ab 2002 wurde die »Flexibilisierung« des Arbeitsmarktes eingeleitet. Mit zweifelhaftem Erfolg: Die Statistiken zeigen inzwischen ein geradezu dramatisches Bild. Nicht nur die Ungleichheit nimmt zu, sondern auch der Zerfall der Haushaltseinkommen.

Von 1998 bis 2006 ist die Summe der realen Löhne in Deutschland nicht mehr gestiegen. Seit 2000 gehen die Reallöhne sogar zurück. Die Gewinne hingegen sind seit 1998 real um 45 Prozent gestiegen.

Noch weit dramatischer als das Verhältnis zwischen Löhnen und Gewinnen hat sich aber die Einkommensverteilung entwickelt. Wie dem Jahresbericht 2007 des Sachverständigenrates[10] zu entnehmen ist, hat sich der Anteil der ärmeren Hälfte der Deutschen am gesamten Markteinkommen von mageren 20 Prozent anno 1993 auf noch bescheidenere 14,9 Prozent im Jahr 2005 zurückentwickelt. Im selben Zeitraum ist der Anteil der reichsten 10 Prozent von 27 auf 32,8 Prozent gestiegen. Mit anderen Worten: Das reichste Zehntel kassiert allein mehr als doppelt so viel wie die fünf ärmsten Zehntel zusammen.

Diese gewaltige Umverteilung hat vor dem Hintergrund einer insgesamt stagnierenden Einkommensentwicklung stattgefunden. Von 1993 bis 2005 hat das durchschnittliche reale Haushaltseinkommen gerade mal um 3 Prozent zugenommen – und die setzen sich zusammen aus einer Zunahme um 8 Prozent bis 2002 und einer Abnahme um 5 Prozent seither.

Nun trifft aber diese Einkommensentwicklung die verschiedenen Einkommensgruppen sehr unterschiedlich. Für den »durchschnittlichen« Deutschen, dessen Markteinkommen genau in der Mitte aller Einkommen liegt, beträgt der Verlust seit 1999 fast 14 Prozent. Der typische Vertreter der Unterschicht, dessen Einkommen genau in der Mitte der unteren Hälfte beziehungsweise am oberen Rand des untersten Viertels liegt, hat seit 1993 sogar rund 23 Prozent seines Markteinkommens (bestehend aus Einkünften aus Erwerbstätigkeit, aus Vermögen und aus Immobilienbesitz sowie privaten Renten und dem Mietwert des selbst genutzten Wohneigentums) verloren.

Diese Zahlen zeigen auch, dass ein zunehmend größerer Teil der Deutschen ohne staatliche Hilfe schlicht nicht leben kann. Nicht primär die »Anspruchshaltung« der Bevölkerung, sondern die immer einseitigere Verteilung der Markteinkommen hat deshalb eine Ausdehnung des Sozialstaates notwendig gemacht. Die Rückverteilung durch den Sozialstaat hat aber die Umverteilung durch den Markt bei Weitem nicht wettmachen können. Von 1993 bis 2005 ist der Anteil der ärmeren Hälfte der Deutschen am Nettoeinkommen (Markteinkommen plus staatliche Renten minus Steuern und Sozialabgaben) von 31,8 auf 28,7 Prozent gesunken, während der

Anteil des reichsten Zehntels von 21,4 auf 24,9 Prozent gestiegen ist. Die Umverteilung hat vor allem von ganz unten nach ganz oben stattgefunden.

Diese Zahlen sind eine Bankrotterklärung nicht nur für Deutschlands Regierung(en), sondern auch für das Beratergremium, das diese Regierungen seit Jahrzehnten berät. Und was machen die Berater mit dieser wichtigen Erkenntnis? Was raten sie der Bundesregierung? Nichts – sie kehren die Fakten einfach unter den Tisch, verstecken sie in einem unscheinbaren technischen Anhang in ihrem 600 Seiten dicken Bericht und schütten noch ein paar ökonometrische Anmerkungen darüber. So weisen sie etwa darauf hin, dass die berechneten Haushaltseinkommen »äquivalenzgewichtet« sind. Im Klartext: Die Verarmung der Deutschen ist nicht nur auf die sinkenden Einkommen zurückzuführen, sondern zum Teil auch darauf, dass sie in kleineren Haushalten leben und deshalb höhere Kosten haben.

Ferner bemühen die Sachverständigen einen gesamteuropäischen Vergleich, der Deutschlands Ungleichheit als relativ bescheiden ausweist, aber den Nachteil hat, dass er sich nur auf die Netto- und nicht auf die Markteinkommen bezieht. Außerdem bricht er 2001 ab und blendet damit genau die Periode aus, in der sich die Ungleichheit deutlich erhöht hat. Das zeigt auch die Entwicklung der Armutsquote, die seit 1999 im früheren Bundesgebiet von 13 auf 18 Prozent gestiegen ist – und das, obwohl die Armutsgrenze (60 Prozent des Medianeinkommens und weniger) in dieser Periode im Zuge der allgemeinen Verarmung um rund 15 Prozent gesunken ist.

Die Entwicklung zur Ungleichheit ist in Deutschland sicherlich besonders auffällig, zu beobachten ist sie in allen postindustriellen Gesellschaften. Die globale Arbeitsteilung ist offenbar kein Motor des Wohlstands für alle mehr. Für viele, ja offensichtlich sogar für die Mehrheit läuft der Motor im Rückwärtsgang. Die Folgen für die Gesellschaft zeigen sich immer deutlicher: Die Arbeitswelt wird immer prekärer, gleichzeitig wird im globalen Standortwettbewerb immer öfter zu biotechnischem Doping gegriffen. Die immer größer werdenden Einkommensunterschiede schließlich lassen eine neue Machtelite entstehen, die Oligarchen. Mit diesen Entwicklungen befassen sich die nächsten Kapitel.

Kapitel 7

Prekäre Verhältnisse

Die Arbeit schützt den Menschen vor Langweile, Laster und Not, hat uns der Philosoph Voltaire gelehrt. Dieser Grundpfeiler der Aufklärung bleibt nach wie vor unangetastet. Immer noch verleiht Arbeit unserem Leben Sinn, eine Richtung und Würde. Mit der Arbeit ernähren wir unsere Familien und sichern die Ausbildung unserer Kinder. Wer arbeitet, hat Anrecht auf ein anständiges Leben. Das ist nach wie vor der Kern eines ungeschriebenen Sozialvertrages der spätbürgerlichen Gesellschaft. Dumm ist bloß, dass dieser Vertrag immer weniger mit der Realität zu tun hat, und diese Beobachtung trifft auch auf den Mittelstand zu.

Die Realität sieht in Deutschland wie folgt aus: Sven Blühdorn, 37, aus Hamburg-Eidelstedt geht einer Arbeit nach, die vor Kurzem noch als Traumberuf galt: Er ist Lokomotivführer bei der Deutschen Bahn AG. Er liebt seinen Beruf und die Verantwortung, die er mit sich bringt, noch immer. Doch das Berufsbild hat sich verändert: Eine ausgeklügelte Technik sorgt heute dafür, dass Lokführer eigentlich keinen Fehler mehr machen können, theoretisch könnte der Zug auch ohne sie fahren. Lokführer sind austauschbar geworden. Ihre Erfahrung zählt weniger. Das schwächt auch ihre Verhandlungsmacht.[1]

Blühdorn verdient im Monat 2 400 Euro brutto. Das sind 800 Euro weniger als seine Frau Natalie, die jetzt aber wegen der zwei kleinen Kinder ihren Beruf als Controllerin nicht mehr ausüben kann. Deshalb muss die vierköpfige Familie von Svens Lohn leben. Die Rechnung sieht so aus: Von 1 900 Euro netto gehen 1 350 Euro für die Miete weg und 200 Euro für das Auto. Bleiben noch 350 Euro für Essen, Ferien, Kino und so weiter. Das reicht natürlich nicht. Dank 308 Euro Kindergeld kommen die Blühdorns knapp über die Runde. Das Markteinkommen hätte dazu niemals gereicht.

Thomas Reiche, 48, hingegen hat den Kampf aufgegeben. In Deutschland verdiente er – wenn er mal Arbeit hatte – pro Stunde selten mehr als 8 Euro. In Norwegen, wo er jetzt eine feste Stelle hat, liegt sein Lohn bei 21 Euro pro Stunde. Und noch etwas hat sich für Reiche zum Besseren gewendet: »In Deutschland kämpft jeder um seinen Arbeitsplatz auf dem Bau. Da ist man nicht mit Kollegen befreundet. Ganz anders in Manstad. Abends kommen die Kollegen gerne mal auf ein Bier vorbei.«

Kay Eickel, 25, aus Kabelsketal in Sachsen-Anhalt, arbeitet für den Paketdienstleister DHL am Leipziger Flughafen. Er sortiert von 20 Uhr bis 22.30 Päckchen, dann geht er nach Hause, erscheint um 4.30 erneut zum Dienst und arbeitet bis 8.30. Insgesamt kommt er so auf 30,5 Stunden pro Woche. Dafür kassieren Leute wie er ein Jahresgehalt zwischen 17 150 und 20 755 Euro.[2]

Selbst in der reichen Schweiz des einundzwanzigsten Jahrhunderts erhält beispielsweise eine 28-jährige Religionswissenschaftlerin mit abgeschlossenem Hochschulstudium nur einen befristeten Job nach dem anderen und verdient dabei in einem guten Monat rund 3 000 Franken, in einem schlechten muss sie sich mit rund 1 000 Franken zufrieden geben. Ein 38-jähriger ausgebildeter Sprachlehrer muss wie ein Tagelöhner auf Abruf zur Verfügung stehen, sieht aber nur Geld, wenn seine Dienste auch gefragt werden. Auch er muss deshalb riesige Schwankungen im ohnehin knapp bemessenen Einkommen hinnehmen.

Auf dem Bau hat sich ein anderer Trend durchgesetzt: die Scheinselbstständigkeit. Monteure beispielsweise werden immer öfter nicht mehr zu einem festen Monatslohn eingestellt, sondern als angebliche selbstständige Unternehmer. Sie haben keinen Anspruch auf Sozialleistungen und müssen Auto und Werkzeug selbst mitbringen. Für das unternehmerische Risiko werden die neuen Scheinselbstständigen nicht belohnt. Im Gegenteil: Nicht selten stellen sie am Monatsende fest, dass ihnen nach Abzug aller Unkosten weniger als der Mindestlohn von 3 000 Franken zum Leben übrig bleibt. (Angesichts der wesentlich höheren Lebenshaltungskosten in der Schweiz ist das tatsächlich eine geringe Summe.)

Aus purer Angst: Die Jugend steht auf

Freie Projektarbeit, befristete Anstellung, lausige Bezahlung und schlechte Sozialleistungen: Kommt das zusammen, sprechen die Sozialwissenschaften von »prekären Arbeitsverhältnissen« oder auch »Prekariat«. Sie sind zum festen Bestandteil der globalisierten Wirtschaft des einundzwanzigsten Jahrhunderts geworden. Darunter leiden nicht nur schlecht ausgebildete Arbeitskräfte oder Immigranten. Das Prekariat breitet sich immer stärker auch im Mittelstand aus. So hat eine Studie des Kaufmännischen Vereins Schweiz ergeben, dass nur noch jeder zweite Lehrabgänger eine feste Stelle erhält.[3] In Frankreich sind es gemäß dem renommierten Soziologen Robert Castel bloß noch drei von zehn.[4] «Selbst für jene, die ihre Arbeitskraft noch verkaufen können, wird die Teilhabe am gesellschaftlichen Reichtum immer schwieriger«, schreibt der deutsche Ökonom Joachim Bischoff. »Es kommt hinzu, dass mittlerweile ein relevanter Teil der Lohnabhängigen allein vom Lohn für die eingesetzte Arbeitskraft nicht mehr existieren kann.«[5]

In Frankreich hat die prekäre Lage der Jugendlichen auf dem Arbeitsmarkt im Frühjahr 2006 zu schweren Krawallen geführt. Da Probezeiten verlängert und Kündigungen erleichtert werden sollten, gingen Tausende von Schülern und Studenten auf die Straße und bestreikten den Unterricht. Neoliberale Ökonomen haben darin einen unsinnigen Protest gegen längst nötige Reformen zur Flexibilisierung des Arbeitsmarktes gesehen. Soziologen haben den Jugendlichen vorgeworfen, sie seien konservative Kleinbürger, nur auf die Sicherung des Status quo bedacht und ohne Visionen für die Zukunft. Erstaunlicherweise war die Stimmung in der Bevölkerung ganz anders: Zwei Drittel der Franzosen unterstützen die Anliegen der Demonstranten, mehr als eine Million Sympathisanten ist mit ihnen auf die Straße gegangen, die Regierung musste ihre Reformpläne schließlich fallen lassen. Waren die Jugendproteste vielleicht doch mehr als das Aufheulen verhätschelter Wohlstandskinder?

Gerade die Jugendlichen werden in der postindustriellen Gesellschaft mit einem schmerzhaften Paradox konfrontiert: Einerseits wird ihnen die überragende Bedeutung der Bildung gepredigt. Nur wer pausenlos paukt hat in der Wissensgesellschaft eine Chance, sich durchzusetzen, lautet das Mantra des modernen Sozialdarwinismus. Gleichzeitig ist die Halbwertszeit dieses Wissens dramatisch geschrumpft. Ein neuer Release – und eine Generation von Software-Ingenieuren ist weg vom Fenster; ein neues Finanzprodukt – und eine Generation von Bankern gehört zum alten Eisen.

Die Achtundsechziger kämpften einst gegen kleinbürgerliche Normen, gegen heuchlerische Sexualmoral, gegen starre Karriereleitern in verkrusteten Bürokratien. Die Freiheit der Boheme war das erklärte Ziel, Intellektuelle wie Jean-Paul Sartre die bewunderten Vorbilder. Diese Freiheit besitzt die »Generation Projekt« im Überfluss, allerdings ist sie eher eine unfreiwillige Nebenwirkung prekärer Verhältnisse. Die Kinder der Achtundsechziger haben überhaupt keine Lust mehr, der Fantasie an die Macht zu verhelfen, sondern sie sehnen sich nach dem, was ihre Eltern so verachtet haben: Sicherheit. Deswegen erfuhren die Jugendproteste diesmal auch die Zustimmung der breiten Bevölkerung. Der Mittelstand spürt am eigenen Leib, was auch die protestierenden Schüler und Studenten umtreibt. Ihr Wissen wird laufend entwertet. Wenn gut ausgebildete Menschen täglich damit konfrontiert werden, dass man ihre Fähigkeiten nicht mehr braucht, dann wird der soziale Vertrag grundsätzlich in Frage gestellt. Es geht nicht mehr um juristische Spitzfindigkeiten wie etwa die Dauer einer Probezeit. Es geht ums Ganze: Was ist uns die Arbeit in der postindustriellen Gesellschaft noch wert?

Jobsuche auf dem Laufsteg

Prekäre Arbeitsverhältnisse, das ist nicht nur ein Synonym für schlechte und unsichere Entlohnung. Prekäre Arbeitsverhältnisse, das heißt auch Psychoterror. Die Journalistin Barbara Ehrenreich hat für ihr Buch in bester Günter-Wallraff-Manier die Schattenseiten der modernen Arbeitswelt erforscht. Sie hat Jobs gesucht – einmal als ungelernte Hilfsarbeiterin und einmal als Public-Relation-Expertin mit Hochschulabschluss. Die zweite Erfahrung war für sie beinahe härter zu ertragen, obwohl sie mit weit weniger körperlicher Anstrengung verbunden war. »Der amerikanische Mittelstand, Leute wie ich und mein Freundeskreis, sind mit der alten protestantischen Erwartung aufgewachsen, dass sich harte Arbeit auszahlt und mit materiellem Komfort und Sicherheit belohnt wird«, schreibt Ehrenreich. »Für die Arbeiterklasse war dies nie richtig, die meisten von ihnen haben für ungenügende Löhne geackert. Und jetzt, da stimmen die Soziologen überein, stimmt dies für den Mittelstand immer weniger. Oder wie es der Soziologe Robert Jackall ausdrückt: Erfolg und Misserfolg haben kaum mehr etwas mit unserer Leistung zu tun.«[6]

Diese Abkopplung von Erfolg und Leistung führt in eine Identitätskrise, ja in eine schizophrene Situation. Wenn die Leistung am Arbeitsplatz weiterhin der Maßstab aller Dinge ist, wenn Arbeit immer noch den hohen moralischen Wert besitzt, dieser Wert aber gleichzeitig nicht mehr berechenbar geworden ist: Wer bin ich dann? Nicht mehr unsere reale Leistung zählt ja, sondern was wir vortäuschen, wie wir uns »verkaufen«. Ehrenreichs Suche nach einem mittelständischen Arbeitsplatz ist völlig entkoppelt von Leistung. Sie muss lernen, wie man einen richtigen Lebenslauf schreibt, wie man ein Vorstellungsgespräch führt, wie man sich kleidet, welchen Schmuck man besser nicht trägt, welche Anlässe man hingegen besuchen soll – und dass man auf jeden Fall immer optimistisch sein muss und nie die gesellschaftlichen Verhältnisse beklagen darf. Die Jobsuche verkommt zum Schmierentheater, zu einem pervertierten Schönheitswettbewerb, bei dem nie klar wird, nach welchen Kriterien der Sieger ausgewählt wird. Ehrenreich ekelt sich. »Normalerweise treffen wir Fremde mit der Erwartung, dass sie uns fremd sind, und es reizt uns, das vielschichtige Geheimnis, das jeder Mensch darstellt, zu entschlüsseln«, schreibt sie. »Aber beim Netzwerken, wie bei der Prostitution, gibt es keine Zeit für Faszination. Der Netzwerker schaut stets, wenn er mit jemandem spricht, auch über dessen Schultern, um irgendetwas zu erspähen, das ihm nützlich sein könnte, ein Tipp oder ein wertvoller Kontakt. Dieses instrumentalisierte Verhalten untergräbt die Möglichkeit, dass Gruppenidentität entsteht, beispielsweise unter den Opfern einer Palastrevolution in einem Unternehmen. Es spielt keine Rolle, wie überfüllt ein Saal sein mag, der Netzwerker ist immer allein auf Achse und versucht, seine individuellen Bedürfnisse zu befriedigen.«[7]

Ehrenreichs Entrüstung ist keine bildungsbürgerliche Hysterie. Inzwischen gibt es zahlreiche Studien, die den Zusammenhang zwischen Aussehen und Erfolg am Arbeitsplatz belegen. »Hässliche Frauen verdienen durchschnittlich 5 Prozent weniger als normal aussehende, und hässliche Männer verdienen sogar rund 10 Prozent weniger«, schreibt etwa der Ökonom und *Wall Street Journal*-Kolumnist Steven E. Landsburg.[8] Er hat deshalb nicht nur spaßeshalber folgende absurde Rechnung aufgemacht: Die Einkommensverbesserung, die eine übergewichtige Frau durch das Abspecken von 30 Kilo Gewicht erzielen kann, entspricht etwa jener, die ihr ein zusätzliches Jahr an einer Universität einbringen würde.

Die vorgetäuschte Leidenschaft am Arbeitsplatz

Es ist deshalb nicht nur die menschliche Eitelkeit, die zum Boom einer neuen Branche in der Medizin geführt hat, nämlich der Schönheitschirurgie. Diese ist längst nicht mehr ein Privileg älter und neurotisch werdender Millionärsgattinnen, sie ist zum Massengeschäft geworden, und zwar für beide Geschlechter. Mit Botox und Fettabsaugungen werden allein in den USA inzwischen jährlich mehr als 15 Milliarden Dollar umgesetzt, und das alles, damit das Gesicht faltenfrei ist und die Hüften wieder schlank sind – Tendenz stark steigend. Das globale Geschäft mit der Schönheit ist inzwischen ein ernst zu nehmender Wirtschaftsfaktor geworden. Mit Hautcreme werden jährlich 24 Milliarden US-Dollar umgesetzt, mit Haarpflegeprodukten sind es 38, mit Kosmetik 18 und mit Parfüm 15 Milliarden Dollar. Die jährliche Wachstumsrate beträgt 7 Prozent.

Historisch gesehen hat die Schönheits- oder plastische Chirurgie militärische Wurzeln. Sie ist in den Armeekrankenhäusern während der beiden Weltkriege entstanden, als es galt, verstümmelten Soldaten wieder zu einem halbwegs menschlichen Aussehen zu verhelfen. Heute wird sie von vielen als ein Vehikel angesehen, das ihnen hilft, eine neue Identität zu erlangen. Wer deprimiert ist, nimmt Prozac; Männer, die unter Erektionsschwierigkeiten leiden, schlucken Viagra; und wer unter seinem Aussehen leidet, legt sich unter das Messer des Schönheitschirurgen oder lässt sich Botox spritzen. Die amerikanische Gesellschaftsreporterin Alex Kuczynski hat den Schönheitsboom in den USA untersucht. »In den letzten 20 Jahren haben die Fortschritte in der Technologie und der Medizin eine Kultur des Besser geschaffen«, schreibt sie in ihrem Buch *Beauty Junkies*. »Bessere Brüste für Frauen, bessere Gehirne für jedermann, mehr Größe für kleine Menschen, und künftig bessere Gene für Babys.«[9]

Auch die Elite lebt so gesehen in psychisch prekären Verhältnissen. In einer von Unsicherheit und Schein geprägten Welt ist die

Schönheitschirurgie das Viagra des Arbeitsmarkts. »Der durchschnittliche Hochschulabgänger, der in den Arbeitsmarkt eintritt, wird im Lauf seines Lebens mindestens sieben verschiedene Jobs bei sieben verschiedenen Unternehmen einnehmen«, schreibt Kuczynski. »Es ist gut möglich, dass sie ihr gesamtes Arbeitsleben verbringen, ohne dass sie ihre Arbeitskollegen richtig kennenlernen. Sie ziehen von Stadt zu Stadt und haben nur eine Handvoll enge Freunde und ihre Familie, die ihre Stärken, Schwächen und Eigenarten kennt, die sie speziell machen. Das bedeutet, dass sich die Amerikaner, die dieses moderne Wanderleben führen, nicht mehr darauf verlassen können, dass sie das ganze Jahr von bekannten Gesichtern umgeben sind. Sie können sich auch nicht mehr auf ihre Reputation verlassen, sie sind auf ihr Aussehen angewiesen und ihre Fähigkeit, bei der ersten Begegnung einen guten Eindruck zu hinterlassen.«[10]

Die Leistung wird nebensächlich, was zählt sind Ausstrahlung, das Netzwerk und die Fähigkeit, Leidenschaft vorzutäuschen. Der Mensch wird zum Schauspieler am Arbeitsplatz. Für die meisten ist dies eine große psychische Belastung. Noch einmal Barbara Ehrenreich: »Es ist die Unsicherheit der mittelständischen Arbeitsverhältnisse, die dieses Gebot nach Leidenschaft so grausam und pervers erscheinen lässt. Vielleicht kann man Leidenschaft für einen bestimmten Job vortäuschen, ja sogar ein bisschen davon verspüren, aber was ist mit dem nächsten Job? Und dem übernächsten? Selbst von Prostituierten wird nicht verlangt, dass sie sich jedes Mal leidenschaftlich geben, und ihre Anstrengungen werden selten zurückgewiesen. Sich nach einer Kündigung wieder aufzuraffen und sich sogleich wieder leidenschaftlich für etwas anderes zu engagieren, und dies Mal für Mal – das ist ein Job für einen professionellen Schauspieler, oder für jemanden, der die Fähigkeit zu spontanen Gefühlen nicht mehr hat.«[11]

Das soziale Kapital wird aufgebraucht

Die Entwertung der Arbeit verändert auch das gesellschaftliche Leben. Schicksalsgemeinschaften werden ersetzt durch Interessensgemeinschaften. Was ist damit gemeint? In Schicksalsgemeinschaften wird man in der Regel hineingeboren, und man kann ihnen nur schwer entrinnen. Eine Schicksalsgemeinschaft ist typischerweise ein Dorf, ein Tal oder eine Region. In diesen Gemeinschaften gibt es einen großen sozialen Druck, sich für die Gemeinschaft zu engagieren. Freiwillige Arbeit in der Zivilgesellschaft ist weitverbreitet, sei es im Verein, bei der freiwilligen Feuerwehr oder in der lokalen Politik. In der Interessensgemeinschaft hingegen dominiert die Logik eines Deals. Ihr schließt man sich aus freien Stücken an, weil man sich davon einen Nutzen verspricht, sei dieser materiell oder spirituell. Wer einer Interessengemeinschaft beitritt, tut dies im Bewusstsein, die Bindung rasch wieder lösen zu können. Wenn die Rechnung nicht mehr aufgeht, der Deal nicht mehr stimmt, dann ist man weg. Überlegen Sie auch einmal, in wie vielen Interessengemeinschaften Sie sich befinden!

Der Übergang von Schicksals- zu Interessensgemeinschaften ist verbunden mit dem Verlust von sozialem Kapital, definiert als die Fähigkeiten von Menschen, zusammen für gemeinsame Zwecke in Gruppen und Organisationen zu arbeiten. Vertrauen ist die Grundlage, auf der soziales Kapital akkumuliert wird. Dieses Vertrauen ist in unterschiedlichen Gesellschaften in unterschiedlichem Maße vorhanden. Die skandinavischen Länder, Deutschland, die Schweiz, Japan und bis vor Kurzem auch die USA gelten als soziale Kapitalisten. Arm an sozialem Kapital sind Italien, Frankreich, China, die lateinamerikanischen und die ehemals kommunistischen Länder des Ostblocks.

Soziales Kapital ist mehr als eine Spielerei der Sozialwissenschaftler. »Eine gesunde kapitalistische Wirtschaft braucht genügend soziales Kapital in der Gesellschaft, damit Unternehmen und Netzwerke sich selbst organisieren können«, schreibt der Politologe Francis Fukuyama in seine Buch *Trust*.[12] Es gibt eine direkte und messbare Beziehung zwischen Vertrauen und Wohlstand. Das zeigen beispielsweise Studien des Neuroökonomen Paul Zak. Der Unternehmensberater Dov Seidman fasst die Ergebnisse dieser Studien wie folgt zusammen: »Die wirtschaftlichen Investitionen einer bestimmten Gesellschaften reflektieren direkt das Ausmaß an Vertrauen. Wo das allgemeine Vertrauen groß ist, ist auch die Investitionsrate hoch und umgekehrt. Die gleiche direkte Beziehung existiert auch zwischen Vertrauen und dem Wachstum des Bruttoinlandsprodukts. Für jeden Zuwachs von 15 Prozent von Menschen, die andere Menschen vertrauenswürdig finden, wächst das Pro-Kopf-Einkommen um 1 Prozent. Würde beispielsweise das Vertrauen in den USA von 36 auf 51 Prozent ansteigen, dann würde sich das jährliche Pro-Kopf-Einkommen im Durchschnitt um 400 Dollar erhöhen.«[13]

Der Übergang von Schicksals- zu Interessensgemeinschaften führt jedoch zu einer gegenteiligen Entwicklung. In den postindustriellen Gesellschaften des einundzwanzigsten Jahrhunderts schmilzt das soziale Kapital wie ein Schneeball in der Hölle. In den USA beispielsweise ist dieses Kapital von 50 Prozent im Jahr 1990 auf aktuell 36 Prozent geschrumpft. Die Ausbreitung prekärer Verhältnisse und das Entstehen einer neuen Oligarchie sind die Ursachen dieser Entwicklung. Die Gewinner im Finanzkasino sondern sich ab, sie leben zunehmend in Reichenghettos unter ihresgleichen, schicken ihre Kinder in für Normalbürger nicht bezahlbare Eliteschulen und Universitäten und zahlen statt Steuern lieber astronomische Rechnungen für smarte Wirtschaftsjuristen.

Fassen wir zusammen: Die heutigen prekären Verhältnisse am Arbeitsplatz führen zu psychischem Stress des Einzelnen und zum Zerfall des sozialen Kapitals der Gesellschaft. Das wiederum führt zu hohen wirtschaftlichen und politischen Kollateralschäden. »Der Niedergang des gesellschaftlichen Lebens hat wichtige Implikationen für die amerikanische Demokratie, vielleicht noch wichtigere als für die Wirtschaft«, schreibt Fukuyama. »Bereits heute geben die Vereinigten Staaten signifikant mehr als andere Industrienationen für den Polizeischutz aus und halten mehr als 1 Prozent ihrer Bevölkerung hinter Gittern. Die Vereinigten Staaten zahlen signifikant mehr als Japan und Europa für Anwälte, um sich gegenseitig vor Gericht zu zerren. Beide Kostengruppen, die inzwischen einen beträchtlichen Teil des Bruttoinlandsprodukts verschlingen, sind eine Steuer, die der Gesellschaft wegen des Rückgangs von Vertrauen auferlegt wird. In Zukunft könnten die wirtschaftlichen Effekte noch weitreichender sein; die Fähigkeit der Amerikaner, in neuen Organisationsformen zu arbeiten, könnte zerfallen, weil ihre Diversität das Vertrauen noch weiter untergräbt und neue Barrieren für die Zusammenarbeit errichtet. (...) Die Akkumulation von sozialem Kapital ist jedoch ein komplizierter und in vieler Hinsicht mysteriöser kultureller Prozess. Regierungen können sehr leicht eine Politik betreiben, die zum Abbau des sozialen Kapitals führt, sie haben jedoch große Schwierigkeiten zu verstehen, wie man soziales Kapital wieder aufbauen kann.«[14]

Wer den prekären Verhältnissen entrinnen will, muss gemäß der Logik des Standortwettbewerbs immer schneller rennen. Die Biologie setzt jedoch dem Menschen natürliche Grenzen. Was aber, wenn diese Grenzen um jeden Preis überwunden werden müssen? Eine Lösung ist die Mensch-Maschine. Sie ist im Begriff, von einer Fantasiefigur aus der Welt der Science-Fiction zu einer realen Erscheinung in der modernen Arbeitswelt zu werden. Davon handelt das nächste Kapitel.

Kapitel 8

Cyborgs

oder: Wie der Mensch zur Maschine wird

Die Union Bank of Switzerland (UBS) hat im Jahr 2005 einen Gewinn von rund 14 Milliarden Franken erzielt. Ihr Präsident Marcel Ospel lässt sich ein Jahresgehalt von etwa 24 Millionen Franken auszahlen. Aber auch sein Kader muss nicht darben: Insgesamt hat die Bank rund 10,5 Milliarden Franken Boni-Gelder an ihre Mitarbeiter verteilt. So fürstlich die UBS-Banker auch entlohnt werden, bei ihrer täglichen Arbeit haben sie wenig persönlichen Spielraum. Jeden Morgen erhalten beispielsweise die Kundenberater des Wealth-Managements auf ihren Bildschirmen genaue Instruktionen, wie sie die insgesamt 1700 Milliarden Franken ihrer wohlhabenden Kunden zu verwalten haben. Ob dabei der Mensch oder die Maschine entscheidet, ist offenbar gar nicht mehr so eindeutig zu sagen. Der Computer ist weit mehr als ein Hilfsmittel geworden, er spricht ein gewichtiges Wort mit. Bauchgefühl und Knowhow des Händlers haben an Bedeutung verloren, die Anlageentscheidungen werden mit einer hochkomplexen Software unterstützt. »Es fällt schwer, in der UBS ein Individuum zu sein«, klagt deshalb ein ehemaliger UBS-Banker. »Die Abläufe sind derart perfektioniert und technisiert, dass es ein Querdenker schwer hat.«[1]

Die Unternehmenshierarchien mögen flacher geworden sein, der persönliche Spielraum am Arbeitsplatz wird immer kleiner. Globale Supply-Chains verlangen, dass Arbeitsabläufe minutiös aufeinander abgestimmt sind, und deshalb ist kein Platz mehr für individuelle Macken. Berufe, die früher von der Persönlichkeit eines Menschen stark geprägt waren, werden zunehmend fremdbestimmt. Arbeitnehmer mögen heute besser ausgebildet sein, mehr persönliche Freiheit haben sie deswegen nicht. »Wir haben heute sicherlich höher qualifizierte Arbeitnehmende und anspruchsvollere Tätigkeiten als zu Beginn der Industriegesellschaft«, sagt Theo Wehner von der ETH Zürich. »Wir haben aber immer noch – und in manchen Dienstleistungsberufen sogar immer mehr – partialisierte Arbeitsanforderungen. Das heißt, Arbeit wird in kleine Stückchen gehackt, das Produkt des eigenen Beitrags kann weniger erlebt werden, und so kann der Einzelne auch keinen umfassenden Produktstolz empfinden. Ganzheitlichkeit und Transparenz zu schaffen gelingt in vielen manageriellen Prozessen nicht.«[2]

Der Untergang des Berufes

Die Entwicklungen in der Medienwelt illustrieren die Aussagen von Theo Wehner geradezu beispielhaft. Journalisten sehen sich zwar immer noch gerne als unabhängige »Asphalt-Cowboys«, die nur ihren Lesern, Hörern, Zuschauern und der Wahrheit verpflichtet sind. Tatsächlich jedoch werden sie in der Medienindustrie immer mehr zu kleinen Zulieferern einer zentralen Newsdesk-Organisation degradiert, die mit industriell optimierten Abläufen ihren »Content« in verschiedenste Produkte verpackt. Der stolze Fachredakteur von einst wird zum anonymen Zuträger für Onlinedienste, Gratiszeitungen und Podcasts oder, um es bildlich auszudrücken, zum Fastfood-Koch, der von PR-Agenturen vorbereitete »Convenience-News« nur noch kurz aufwärmt. Wie weit dieser Prozess schon fortgeschritten ist, zeigen die Zustände bei amerikanischen Lokalradios und TV-Stationen. Die angeblich »lokalen« Nachrichten werden von großen Ketten mit wenig Personal an einem zentralen Ort verfasst und dann mithilfe von computergesteuertem »Voicetracking« künstlich mit Lokalkolorit eingefärbt. Ein Beispiel: Die Moderatoren geben vor, sich in einem Restaurant aufzuhalten, das sie nur vom Internetführer kennen und im Leben noch nie gesehen haben. Selbst bei den Wettervorhersagen wird geschummelt. In seinem Buch *Fighting for Air* beschreibt Eric Klinenberg die Zustände wie folgt: »Weder Reid noch irgendeiner der sieben Metereologen, die in diesem Winter in der Nachrichtenredaktion tätig waren, hatten je das Wetter am eigenen Leib erfahren, über das sie täglich aus dem Glashaus der Sinclair Broadcast Group (...) berichteten. Stattdessen bereiteten sie ihren lokalen Wetterbericht vor, indem sie Klimadaten vom AccuWeather-System herunterluden, Scherze mit den Moderatoren vorfabrizierten und neben der Geografie und dem Dialekt der verschiedenen Regionen das studierten, was ihr Chef ›Notizen von den kleinen ausgefallenen Dingen der lokalen Märkte‹ nannte. Dann marschierten sie in eines der fünf von Sinclairs Ein-Mann-Wetter-Studios und zeichneten mithilfe von robotergesteuerten, mit Joysticks selbst bedienten Kameras eine lokale ›live‹-Wetterprognose auf. Sobald die digitale Aufnahme im Kasten war, schickten die Meteorologen ihre Beiträge mit ClipMail, einem Telestream-Programm, an die einzelnen lokalen Stationen. Die Technologie war atemberaubend einfach. ›Mit ein paar Zwölfjährigen könnten wir das gesamte TV-Studio betreiben‹, sagt Mark Hayman, Vizepräsident von Sinclair stolz.«[3]

Pilot zu werden, dass war noch vor Kurzem für viele Kinder ein heißer Wunsch. Inzwischen kann man Piloten nur noch als bessere Busfahrer bezeichnen. Und selbst der Arzt ist längst nicht mehr der Gott in Weiß. Das einstige Aushängeschild der bürgerlichen Berufswelt – gleichzeitig Humanist und Naturwissenschaftler, Fachexperte und unabhängiger Unternehmer – ist bald nur noch in der Fiktion der Seifenoper zu finden. In der Realität ist das Gesundheitswesen in der postindustriellen Gesellschaft und damit gerade der Mediziner unter einen riesigen Kostendruck und damit auch politisch unter Druck geraten. »Managed Care« wird als Ausweg aus dieser Kostenfalle gepriesen. Was hat man darunter zu verstehen? Stellen Sie sich eine Art »Gesundheits-Wertschöpfungskette« vor, betrieben von den Krankenkassen und Krankenhausmanagern.

»Analogien aus der Automobilindustrie können helfen, Prozesse in Spitälern effizienter zu gestalten«, empfiehlt der Gesundheitsökonom Stephan Siegrist. Er hat im Auftrag des Schweizer Innenministeriums eine umfangreiche Studie über die Zukunft des Gesundheitswesens verfasst.[4] Sie zeigt auf, wie eine Abrechnung nach Fallpauschalen, die Optimierung der Skaleneffekte und der Abläufe das Gesundheitswesen aus dem Würgegriff der Kostenspirale befreien könnten. Doch für Ärzte und Krankenschwestern bedeutet dies auch, dass sie bald mehr Zeit mit Unternehmensberatern und Controllern als mit ihren Patienten verbringen werden. In Österreich und Deutschland sieht die Entwicklung nicht anders aus.

Womit wir wieder in der »Schönen Neuen Welt« von Aldous Huxley gelandet sind. Ob Alpha-Mensch oder Teilzeitjobber: In der postindustriellen Gesellschaft ist die beständige Kontrolle zur Routine geworden. Die Zustände im Wal-Mart-Logistikzentrum in Bentonville (Arkansas), der Mutter aller Supply-Chains, schildert Thomas Friedman wie folgt: Alle Mitarbeiter tragen einen Kopfhörer. »Ein Computer kontrolliert, wie viele Paletten jeder Angestellte pro Stunde herumkarrt, und eine computerisierte Stimme sagt ihm stets, ob er zu schnell oder zu langsam arbeitet«, erklärt der Wal-Mart-Logistikchef dem verdutzten Journalisten. »Man kann wählen, ob die Computerstimme männlich oder weiblich sein, ob sie Spanisch oder Englisch sprechen soll.«[5] Immerhin.

Google, der ganz reale Big Brother

In den alten Host-Systemen der Computer war die Bildschirmstation ein bloßer Diener, der nur Befehle entgegennehmen konnte, welche anschließend vom Zentralrechner verarbeitet wurden. Im Lauf der 80er-Jahre wurde der Personal Computer (PC) immer intelligenter und autonom, in den Neunzigern wurde er vernetzt und heute wird wieder zentralisiert. Ein Server spielt die maßgeschneiderte Software auf einen beliebigen PC im Netz, sofern der Benutzer zugangsberechtigt ist. In der Unternehmensstruktur hat sich eine analoge Entwicklung abgespielt. »Eine Folge dieser Informationsrevolution ist die Tatsache, dass an die Stelle der Veränderungen und Interpretation von Anordnungen heute eine neue Form von Zentralisierung getreten ist«, schreibt Richard Sennett. »(...) In der Unternehmungsführung, die unter dem Druck des ungeduldigen Kapitals steht, führt dieser technologische Fortschritt ganz unmittelbar zu dem Glauben, genug zu wissen und daher Veränderungen ganz direkt von oben anordnen zu können.«[6]

Zum Sinnbild für diesen technologischen Fortschritt ist Google geworden. Die beiden Wunderkinder Larry Page und Sergey Brin tüftelten Mitte der 90er-Jahre an der Stanford University an einer Suchmaschine, die ein intelligentes und effizientes Auffinden von Informationen im Internet ermöglichte. Daraus ist in kürzester Zeit ein Unternehmen geworden, das bisher das neue Jahrhundert so geprägt hat wie kein zweites. Google ist inzwischen weit mehr als eine Suchmaschine im Internet. Google ist das coolste Unternehmen der Welt, ein Traum für Computerfreaks und Investoren – und ein Albtraum für die Verteidiger der persönlichen Freiheit.

Mit Google verändert sich unser Verhältnis zum Computer grundsätzlich. Dank der Auswertung der sogenannten Clickstreams wird unser Verhalten im Internet analysierbar. Beim »Behavioral Targeting« werden die Spuren, die wir im Internet hinterlassen, immer minutiöser von Marketingspezialisten ausgewertet. Wer beispielsweise im Netz einmal ein Mittel zum Entfernen von Tintenflecken gekauft hat, kann damit rechnen, mit Werbung für Waschmittel versorgt zu werden, auch wenn er das nächsten Mal online nur seine Aktienkurse abfragen will.

Denken Sie zunächst einmal an die angenehmen Seiten dieses Verfahrens. Wie ein aufmerksamer Verkäufer im Laden kennt der virtuelle Shop unsere Vorlieben immer besser und richtet sein Angebot auf unsere Bedürfnisse aus. Das gefällt uns und macht das Leben etwas bequemer. Und denken Sie nun an die unheimliche Seite, die auch dazugehört. Die Software von Google ist mittlerweile so raffiniert, dass sie sogar in eine E-Mail personifizierte Werbung schmuggeln kann. Theoretisch könnte also der Florist oder der Juwelier um die Ecke Sie auf ein Sonderangebot aufmerksam machen, wenn Sie Ihrer Angebeteten Ihre Liebesschwüre online zukommen lassen. Allerdings ist selbst Hardcore-Enthusiasten dieser Service eine Spur zu intim. Google verzichtet vorläufig darauf. Wie beruhigend.

Google fasziniert und erschreckt gleichzeitig. John Battelle beschreibt in seinem Buch *The Search* diese Ambivalenz wie folgt: »Wir vertrauen dir, dass du keine bösen Dinge mit unseren Informationen tust. Wir vertrauen darauf, dass du unsere Daten sicher aufbewahrst, fern von illegalen Machenschaften der Regierung oder privaten Interessen, und dass die Daten unter unserer Kontrolle bleiben.«[7] So richtig trauen mögen aber selbst die Fans der Suchmaschine nicht. Der New Yorker Student Dan Firger beispielsweise bekennt: »Ich möchte nicht, dass all meine persönlichen Informationen in diesem riesigen Server in Mountain View [Standort des Hauptquartiers von Google, Anm. der Verfasser] gespeichert sind. Aber es macht mein Leben so viel einfacher, ich kann nicht mehr ohne sein.«[8]

Das berühmte Unternehmensmotto von Google lautet zwar »Don't be evil«. Doch die moralische Integrität des Unternehmens hat in jüngster Zeit arg gelitten. Schuld daran ist ein Abkommen mit China. Google hat offiziell erklärt, mit der chinesischen Regierung zu kooperieren und dem Regime unliebsame Webseiten nicht zu erfassen oder diese zu zensieren. Die Bekanntmachung hat weltweit für Empörung gesorgt. Und auch für Angst: Die neuen Anti-Terrorgesetze der USA verpflichten Unternehmen wie Google, ihre Daten der Regierung zu übergeben, ohne dass die Regierung Rechenschaft darüber ablegen müsste, was sie mit diesen Daten macht. Sie muss nicht einmal die Tatsache offenlegen, dass sie im Besitz der Daten ist. Google bestreitet zwar vehement, solche Daten an die US-Regierung zu liefern. Seit der Bekanntmachung über China jedoch mag man das nicht mehr so recht glauben.

Ein Chip, der unter die Haut geht

Bei einer Medienkonferenz im Sommer 2007 warnte der Datenschutzbeauftragte des Kantons Zürich, Bruno Baeriswyl, vor »Pervasive Computing« und »Neuroimaging«. Wovon spricht der Mann? Die Computertechnologie hat so große Fortschritte gemacht, dass beispielsweise in Krankenhäusern der Gesundheitszustand von Patienten mit einem unter der Haut angebrachten Chip überwacht werden kann. Man könnte auch unsere Persönlichkeit über das Herstellen von Hirnbildern bis ins Detail analysieren. Beide Techniken müssen nicht zwangsläufig zu unserem gesundheitlichen Wohl eingesetzt werden, sie können durchaus kommerziell und politisch missbraucht werden. »Der Schutz der Privatheit wird eine immer größere Herausforderung«, warnt deshalb Baeriswyl.[9]

Mikroprozessoren haben unseren Alltag erobert. Sie können drahtlos und global Unmengen von Daten austauschen und machen unsere Gebrauchsgegenstände intelligent. Autos signalisieren dank eingebauten Chips einen Defekt, bevor er überhaupt eintritt. Der Kühlschrank ordert selbstständig Milch. Doch selbst bei diesen harmlosen Anwendungen gibt es nicht ganz so harmlose Grenzfälle. Eine amerikanische Autoleasingfirma beispielsweise hat sich auf das Geschäft mit wenig kreditwürdigen Kunden spezialisiert. Allerdings hat die Sache einen Haken: Wenn die monatliche Ratenzahlung nicht pünktlich eintrifft, blockiert ein spezieller Chip die Zündung und teilt der Leasingfirma mit, wo sich der Wagen befindet. Britische Versicherungen machen Tests mit Mikroprozessoren, welche die Fahrweise eines Autofahrers überprüfen. Das ermöglicht es ihnen, risikogerechte Versicherungsprämien abzuschließen.

Natürlich hat längst auch der Staat die Mikroprozessoren entdeckt. Es ist immer offensichtlicher, dass die US-Regierung den »Krieg gegen den Terrorismus« auch als Vorwand für einen massiven Ausbau des Überwachungsstaates benutzt. Inzwischen ist bekannt geworden, dass das FBI im großen Stil Telefongespräche abhört. Die rechtlichen Grundlagen dafür sind mehr als fraglich. Die amerikanischen Behörden greifen auch auf die Datenbanken des internationalen Zahlungsverkehrs zu. So weiß man heute, dass die Datenströme der »Society for Worldwide Interbank Financial Telecommunication« (Swift), einer internationalen Genossenschaft von Geldinstituten, angezapft worden sind. Das hat viele Banken aufgeschreckt, die um das Bankgeheimnis fürchten. Das Vorgehen der US-Behörden wird deswegen scharf verurteilt. Der ehemalige Präsident der Schweizerischen Bankiervereinigung Georg F. Krayer hat »große Bedenken«, dass »Orwells Vision zu sehr Realität geworden ist« und fordert die »Unverletzlichkeit der Persönlichkeitsrechte und somit der persönlichen Daten«.[10] Gleichzeitig weiß man aber um die eigene Machtlosigkeit, der »Große Bruder« wird resigniert hingenommen. Typisch für diese Haltung ist dieser Kommentar in der *Neuen Zürcher Zeitung*: »Zurück bleibt ein Gefühl des Unbehagens und der Machtlosigkeit«, schreibt das Blatt. »Wer seine Geschäfte in den USA nicht gefährden will, kommt offenbar nicht darum herum, sich der Macht des Stärkeren zu beugen.«[11]

Der Pakt mit dem Teufel

Die bürgerliche Arbeit im Sinne der protestantischen Ethik ist moralisch definiert. Die Moral ist ihr in der postindustriellen Gesellschaft abhanden gekommen und durch messbare Leistung ersetzt worden. Nicht mehr von Gott auserwählt zu sein ist das entscheidende Kriterium, sondern die Höhe des Bonus am Ende des Jahres. In dieser refeudalisierten Arbeitswelt werden die Werte des professionellen Sports übernommen, auch die negativen. Wenn es nur noch darum geht, schneller zu rennen, dann wird auch Doping zum Thema.

Kokain hat nicht nur eine berauschende, sondern auch eine leistungssteigernde Wirkung. Deshalb soll es sich bei jungen Bankern großer Beliebtheit erfreuen, die vor einem wichtigen Deal auch mal ein paar Nächte durcharbeiten. Doch Kokain ist eine vergleichsweise primitive Droge. Es ist damit zu rechnen, dass bald sehr viel präziser wirkende Stoffe erhältlich sein werden, die gezielter zur Leistungssteigerung eingesetzt werden können. Mit Prozac und Ritalin sind bereits Vorläufer solcher Medikamente auf dem Markt. Sie unterdrücken Leistungshemmer wie Depressionen oder Hyperaktivität. Beide Medikamente haben aber beträchtliche und störende Nebenwirkungen.

Diese Nebenwirkungen wird man sicherlich in den Griff bekommen. Der Mensch ist gerade dabei, sich mithilfe von Biotechnologie auf einen gefährlichen Deal einzulassen. Francis Fukuyama beschreibt ihn wie folgt: »Die Medizintechnologie bietet uns in vieler Hinsicht einen Handel mit dem Teufel an, ein längeres Leben, aber mit reduzierter geistiger Kapazität; Freiheit von Depressionen, verbunden mit Freiheit von Kreativität; Therapien, die die Grenzen verwischen zwischen dem, was wir selbst und dem, was wir dank verschiedener Chemikalien in unserem Gehirn erreichen.«[12]

Nicht nur Drogen, auch Mikrochips werden vermehrt als »kleine Helfer« in das menschliche Hirn geschleust. »Langsam entwickelt sich auch der Bereich der Neurotechnologie, der die direkte Manipulation des Gehirns mit Pharmaka oder mit Maschinen ermöglichten«, erklärt Christof Koch, Hirnforscher und Professor am California Institute of Technology in Pasadena. »Letztes Jahr hat man erstmals Elektroden direkt in den Kortex [Hirnrinde, Anm. der Verfasser] eingeführt. Ein Rollstuhlfahrer konnte danach mit seinen Gedanken den Rollstuhl steuern (…) Es ist denkbar, dass Elektronik und Moleküle aktiv in mein Hirn hineinwachsen.«[13]

Bereits heute können Gelähmte mit ihrem Hirn Computer steuern, Blinde können dank Sehprotese, Sehchip oder elektronischem Auge wieder sehen und manche Taube können mithilfe eines Neuroimplantats ihre Hörfähigkeit zurückgewinnen. Wie im Fall der Schönheitschirurgie sind auch auf diesem Gebiet die Militärs führend. Die in Afghanistan und Irak verletzten US-Soldaten können inzwischen damit rechnen, dass man ihnen durch Bomben abgerissene Glieder wieder vollwertig ersetzt. Heute schon gibt es einen Hightech-Arm, dessen Hand fast so beweglich ist wie sein Vorbild aus Fleisch und Blut. Prothesen können zunehmend direkt vom Hirn aus gelenkt werden. Der Cyborg ist kein Frankenstein-Monster mehr, sondern wird zur nächsten Stufe des Homo sapiens. Und wer all diese rasanten Fortschritte aufmerksam verfolgt, hält auch den perfekten, fehlerfreien Menschen am Arbeitsplatz für eine realistische Möglichkeit.

Die Entwicklung hin zum Cyborg verläuft in kleinen Schritten und über den Umweg der Therapie. »Die Menschen werden merken, dass die Technologie nicht schlimm und die Mensch-Maschine keine Schreckensvorstellung ist«, sagt Professor Koch.[14] Selbst Eingriffe ins Hirn werden bald selbstverständlich werden. Der englische IT-Professor Kevin Warwick beispielsweise experimentiert bereits mit eingepflanzten Chips in seinem Körper. Er ist überzeugt, dass der natürliche Mensch das Ende seiner Evolution erreicht hat und dass dem mit allen technischen Raffinessen aufgerüsteten Cyborg die Zukunft gehört. »Wir sind im Begriff, Metall und Biologie miteinander zu verknüpfen«, sagt er. »Bei der Heilung der Parkinson-Krankheit verbinden wir ein metallenes ›Zusatz-Gehirn‹ mit einem biologischen.«[15] Dank dieses immer raffinierter werdenden Zusatzgehirns wird laut Warwick ein Quantensprung in der menschlichen Evolution möglich. »Künstliche Intelligenz hat das Potenzial, die Menschheit grundsätzlich zu verändern«, so lautet seine Überzeugung.[16]

Um eines klarzustellen: Kevin Warwick ist kein durchgeknallter Wirrkopf, sondern ordentlicher Professor für Kybernetik an der Universität Reading, einer der renommiertesten Hochschulen des Vereinigten Königreichs. Daniela Cerqui, Anthropologin an der Universität Lausanne, arbeitet regelmäßig mit Warwick zusammen. Auch sie ist überzeugt, dass es bald das Normalste auf der Welt sein wird, sich Chips ins Hirn einbauen zu lassen und damit sein Potenzial zu erhöhen. »Die Entwicklung ist schleichend, wir bemerken die Umwälzungen nicht«, sagt sie. »Dieser Gedanke wird denkbar, und irgendwann finde ich den Chip im Kopf so akzeptabel wie heute das Handy.«[17]

Der gedopte Mensch

Nicht nur die Entwicklung zum Cyborg läuft über den Umweg der Therapie. Das zeigt der Missbrauch von Epo im modernen Sport. Das Medikament wurde entwickelt, um Menschen zu heilen, die an einem Mangel an roten Blutkörperchen leiden. Sportler merkten bald, dass es, richtig dosiert, auch zu einer Leistungssteigerung verwendet werden kann. Vor allem in Ausdauersportarten wird diese Steigerung auf etwa 10 Prozent geschätzt. Im Radsport und in den Disziplinen Leichtathletik und Schwimmen nahm der Missbrauch von Epo deshalb bald schlagartig zu.

Während der Tour de France 1998 kam es erstmals zum Eklat. Polizeirazzien lieferten den eindeutigen Beweis des Dopingmissbrauchs, Radstars wie der Schweizer Alex Zülle wurden wie Schwerverbrecher verhaftet und der Polizei vorgeführt. Genutzt hat es wenig. Dopingmissbrauch ist ein ständiger Begleiter des Radsports geworden. Inzwischen haben reihenweise ehemalige Sieger zugegeben, gedopt zu haben, die Tour 2007 ist endgültig zur Farce verkommen: Nach dem x-ten Fall von Dopingmissbrauch brachen ARD und ZDF demonstrativ ihre Berichterstattung ab, verschiedene andere Medien folgten dem Beispiel.

Der öffentlichen Empörung haftet etwas Heuchlerisches an. In verschiedenen Kommentaren ist immer wieder auf die Parallelen von Sport und moderner Arbeitswelt hingewiesen worden. Warum regen sich Menschen über gedopte Radfahrer auf, wenn sie sich selbst täglich an ihrem Arbeitsplatz mit Psychopharmaka vollpumpen, um ihre Leistung zu bringen? Die öffentliche Empörung wird sich wahrscheinlich bald wieder legen, und zwar nicht weil der

Epo-Missbrauch aufhören wird, sondern weil er sich nicht mehr nachweisen lässt. Das Medikament kann künftig gentechnisch so hergestellt werden, dass es sich von der körpereigenen Substanz nicht mehr unterscheidet. Man kann es so dosieren, dass schädliche Nebenwirkungen ausbleiben. In etwas fernerer Zukunft kann es vielleicht sogar gentechnisch direkt in die DNA des Sportlers eingebaut werden. Eine gruselige Vorstellung, nicht wahr?

In der Welt des Sports werden die Entwicklungen der Arbeitswelt vorweggenommen. Ein faszinierendes Beispiel dafür ist die Auseinandersetzung um den südafrikanischen Sprinter Oscar Pistorius. Wegen einer unheilbaren Krankheit wurden ihm im Alter von elf Monaten beide Beine amputiert. Trotzdem will er im Sommer 2008 an den Olympischen Spielen in Peking in den Sprintdisziplinen teilnehmen – an den normalen Spielen, wohlgemerkt, nicht bei den Paralympics. Mit seinen Prothesen läuft Pistorius die 100 Meter in 10,91 Sekunden, die 200 Meter in 21,58 Sekunden und die 400 Meter in 46,34 Sekunden. Er ist nicht mehr weit von der Weltklasse entfernt und überzeugt, diese bald zu erreichen oder gar zu überholen. Schließlich bescheinigt ihm sein Trainer, er sei im Alter von 20 Jahren eine »fünfgängige Rakete ohne zweiten Gang«.[18]

Pistorius entspricht nicht unbedingt dem typischen Bild des behinderten Menschen. Er läuft nicht nur sehr schnell, er spielt auch Rugby und Wasserpolo. »Es gibt nichts, was normale Athleten tun, was ich nicht machen könnte«, sagt er.[19] Gerade deshalb bringt er das Olympische Komitee in arge Nöte. Moral und Reglement verbieten den Einsatz von technischen Hilfsmitteln und Doping, aber sie sagen nicht, wo genau die Abgrenzungen liegen. Wer glaubt, der Fall des Sprinters Pistorius sei klar, irrt sich. Im Baseball beispielsweise sind leistungsfördernde Augen- und Ellbogenoperationen längst an der Tagesordnung. Pistorius wäre auch nicht der erste behinderte Sportler, der an den normalen Spielen teilnimmt: 1904 gewann der Amerikaner George Eyser mit einem Holzbein eine Goldmedaille im Turnen; die querschnittsgelähmte

Neuseeländerin Neroli Fairhall war 1984 in Los Angeles im Feld der Bogenschützen, und die blinde Amerikanerin Marla Runyan lief im Jahr 2000 in Sydney auf der 1 500-Meter-Strecke mit. »Eigentlich gibt es keinen vernünftigen Grund, dass er (Pistorius) bei Olympia nicht an den Start gehen darf«, erklärt deshalb der Spanier Juan Manuel Alonso, Mitglied des internationalen Leichtathletikkomitees IAAF.[20]

Das Schicksal von Oscar Pistorius fasziniert nicht nur wegen seiner Exotik, sondern weil wir spüren, dass es so realistisch geworden ist. Es versetzt uns nicht wie einst Frankensteins Monster ins Gruseln, sondern konfrontiert uns mit einer realen Zukunftsoption: Werden Cyborgs die nächsten Übermenschen sein? Für Ramez Naam, Zukunftsforscher und Software-Ingenieur bei Microsoft, ist diese Frage bereits geklärt: In der postindustriellen Gesellschaft hat der Mensch nicht nur das Recht, sich mithilfe von Biotechnologie und Minichips intelligenter, schöner, schneller und stärker zu machen, er hat geradezu die Pflicht. Naam baut die »Schneller-rennen«-Logik von Antilope und Löwe in der flachen Welt noch aus. Künftig wird uns der Standortwettbewerb nicht nur zwingen, pausenlos zu rennen. Er wird uns zwingen, gedopt und auf Carbon-Prothesen zu rennen. Der Siegertyp des einundzwanzigsten Jahrhunderts ist nicht mehr blond und blauäugig. Seine Haut- und Haarfarbe spielen keine Rolle mehr. Entscheidend werden seine kleinen Helfer sein: das gentechnisch designte Doping, sein Computer-Interface im Gehirn und der Mikrochip unter der Haut. »Die Gesellschaft sollte die Erkundung neuer Technologien nicht verbieten«, fordert Naam, »sondern sich darauf konzentrieren, die Mächte, die unseren Geist und unseren Körper verändern können, so vielen Menschen wie möglich zugänglich zu machen.«[21]

Das sind ja schöne Aussichten: Wir steuern auf eine Arbeitswelt zu, in der wir kleine Rädchen eines Systems sein werden, das uns umfassend kontrolliert. Und wir werden uns in dieser Welt nur behaupten können, wenn wir genügend info- und biotechnische kleine Helfer in unsere Körper pflanzen lassen und unsere Leistungsfähigkeit so aufrüsten, dass wir mit der steigenden Arbeitswut mithalten können. Unser Alltag am Arbeitsplatz wird zu einer Tour de France – ohne Dopingkontrolle.

Kapitel 9

Die neuen Oligarchen

Scotts ist eine Logistikfirma im Bundesstaat Ohio. Ihr CEO Jim Hagedorn hatte die Gesundheitsdaten der rund 6000 Mitarbeiter analysieren lassen. Das Resultat war katastrophal: Die Hälfte der Scott-Belegschaft war übergewichtig bis krankhaft dick, ein Viertel rauchte. Hagdorn fürchtete gleichzeitig um das gesundheitliche Wohl seiner Mitarbeiter und um das finanzielle Wohl seiner Firma. In den USA werden die Krankenkassenprämien vom Arbeitgeber bezahlt und sie entwickeln sich als Lohnnebenkosten zu einem immer größeren Klotz am Bein der Unternehmen. Hagedorn beschloss deshalb zu handeln: Er ließ auf Kosten der Firma ein eigenes Medizincenter bauen, und er änderte die Verhaltensregeln am Arbeitsplatz. Sich um seine Gesundheit zu kümmern war ab sofort keine freiwillige Aktion mehr. Mitarbeiter werden nun zu regelmäßigen Checks eingeladen und müssen dabei intimste Fragen beantworten, zum Beispiel: Woran sind Ihre Eltern gestorben? Wie ist das Verhältnis zu Ihrem Ehepartner? Fühlen Sie sich ausgebrannt? Wer zu dick ist, muss abspecken. Raucher erhalten eine Frist, in der sie sich von ihrem Laster entwöhnen lassen können. Wer nicht spurt, fliegt. »Wer raucht, handelt selbstmörderisch«, begründet Jim Hagedorn sein Gesundheitsregime. »Das dürfen wir nicht unterstützen.«[1]

Das neue Reglement zeigt Wirkung, die Zwischenbilanz sieht wie folgt aus: Einem Mitarbeiter hat Hagedorn das Leben gerettet. Bei seinem Gesundheitscheck wurde ein potenziell tödlicher Herzklappenfehler entdeckt. Jeder dritte Raucher hat inzwischen sein

Laster aufgegeben. Ein Stapelfahrer hat 30 Kilo abgenommen. Ein renitenter Raucher wurde entlassen. Er hat deswegen die Firma vor den Kadi und in die Schlagzeilen gebracht. Überlegen Sie: Darf ein Unternehmen seine Belegschaft zwingen, gesund zu leben? Dürfen Manager ihre Krankenkassenkosten auf Kosten der Freiheit der Mitarbeiter sanieren? Diese Fragen müssen nun die Richter entscheiden.

Jim Hagedorn hat den Liberalismus an seiner empfindlichsten Stelle getroffen, der Frage nach den Grenzen der persönlichen Freiheit. Jeder Mensch kann tun und lassen was er will, solange er damit keinem anderen Menschen Schaden zufügt, so lautet der klassische Grundsatz des Liberalismus. Schadet ein übergewichtiger Mitarbeiter den anderen? Warum darf man in Raucherzonen nicht ungestört paffen? Weil damit die Lohnnebenkosten des Unternehmens erhöht, dessen Wettbewerbsfähigkeit vermindert und so die Arbeitsplätze gefährdet werden, antwortet Hagedorn. Er begibt sich damit auf eine sehr heikle moralisch-philosophische Gratwanderung. Gleichzeitig stellt sich auch die Machtfrage: Wer entscheidet über unseren Alltag, die Wirtschaft oder der Staat? In der postindustriellen Gesellschaft ist das Verhältnis von Wirtschaft und Staat sehr widersprüchlich geworden. Auffallend ist hauptsächlich die Staatsverdrossenheit, ja die Staatsfeindschaft der neuen Elite in der Wirtschaftswelt. Diese Finanzoligarchie, bestehend aus Bankern, Hedge-Fonds- und Topmanagern, nabelt sich vom Rest der Gesellschaft ab und begibt sich auf eine eigene Umlaufbahn.

Der Tellerwäscher wird nicht mehr Millionär

Trotz massiver Proteste gegen die Abzocker in den Teppichetagen auch aus dem bürgerlichen Lager öffnet sich die Lohnschere munter weiter. So hat der am besten bezahlte Baseballspieler Amerikas, Alex Rodriguez von den New York Yankees, 2006 rund 22 Millionen US-Dollar verdient, viermal mehr als der bestbezahlte Star im Jahr 1993. Ähnlich gestaltet sich die Entwicklung bei den Managergehältern: Der CEO der Bank Crédit Suisse, Oswalt Grübel, soll 2006 rund 60 Millionen Franken verdient haben, mehr als doppelt so viel wie der Präsident der UBS Marcel Ospel im Jahr zuvor. Dagegen nehmen sich die 13,2 Millionen Euro, die der Chef der Deutschen Bank, Joseph Ackermann, 2006 mit nach Hause nehmen konnte, eher bescheiden aus. Insgesamt haben die beiden Schweizer Großbanken allein im Jahr 2006 20 Milliarden Franken in Form von Boni ausgeschüttet. Damit liegen Schweizer Topbanker auf Augenhöhe mit ihren amerikanischen Kollegen. Dort verdienten Chefs bei multinationalen Konzernen im Durchschnitt jährlich 50 Millionen Dollar, im Finanzsektor liegen die Gehälter der Spitzenkräfte zwischen 30 und 35 Millionen Dollar.

Der Publizist Will Hutton zeichnet in seinem Buch *The Writing on the Wall* ein sehr einprägsames Bild von der sich weitenden Lohnschere: »Stellen Sie sich eine 24-Stunden-Parade von allen Amerikanern vor, wobei ihre Größe mit ihrem Einkommen korreliert«, schreibt er. »In den ersten vier Stunden und 15 Minuten würden die Zuschauer nur Menschen sehen, die kleiner sind als 1,50 Meter – solche mit einem Einkommen von 20 000 Dollar und weniger. In den nächsten neun Stunden würde sich die Größe der Menschen allmählich verdoppeln, und in den nächsten sieben Stunden und 45 Minuten noch einmal. Es würde insgesamt mehr als 21 Stunden dauern, bis die ersten Großen auftauchen, Menschen mit einem Einkommen von mehr als 80 000 Dollar. Wieder würde es zwei Stunden und 15 Minuten dauern, bis sich die Größe wieder verdoppelt hätte. In den letzten 45 Minuten würde sich die Zuwachsrate der Größe der Menschen rapide beschleunigen. Eine Viertelstunde vor Mitternacht würden die ersten 60-Meter-Brocken vorbeiparadieren, Einkommen von mehr als 400 000 Dollar. In den letzten 90 Sekunden der Parade wären sie 120 Meter groß und dann, in den letzten Sekunden, wären die Reichsten an der Reihe – sie wären rund 7 000 Meter hoch.«[2]

Eine solche massive Umverteilung hat zwangsläufig gravierende gesellschaftliche Folgen. Die neue Elite setzt sich auch kulturell ab und versucht, ihre Macht zu konsolidieren. Deshalb ist der alte Traum »vom Tellerwäscher zum Millionär« in den USA inzwischen zum reinen Mythos verkommen, ganz abgesehen davon, dass man heute Dollar-Milliardär sein muss, um richtig reich zu sein. Neue Studien bestätigen übereinstimmend, dass die soziale Mobilität in den USA abgenommen hat und heute geringer ist als in Europa. Niall Ferguson, Historiker in Oxford und Harvard, erklärt diese Entwicklung wie folgt: »Die große soziale Mobilität im Westen war eine Folge des Zweiten Weltkriegs. Davor gab es in den USA de facto eine Geldaristokratie. In Harvard durften beispielsweise damals weder Juden noch Schwarze studieren. Heute kehren wir zu einer nicht rassistischen Ungleichheit zurück, in eine Zeit, in der eine Elite die beste Ausbildung für sich monopolisiert.«[3] Die Entwicklung von Harvard selbst ist der beste Beleg für diese These. In den 50er-Jahren wurde dort der berühmte Leistungstest SAT eingeführt. Er führte dazu, dass eine Zeit lang tatsächlich die klügsten und nicht mehr die reichsten Kinder in Harvard studierten. 20 Jahre neoliberale Gegenreformation haben dies gründlich verändert. Heute kostet ein Studienplatz an einer US-Topuniversität rund 50 000 Dollar jährlich, der US-Mittelstand ist damit automatisch ausgeschlossen.

Die neuen Oligarchen sind alles andere als Musterbürger. Ihr Verhältnis zum Staat ist von Misstrauen und Ablehnung geprägt, libertärer Anarchismus steht hingegen hoch im Kurs. Das alte, linksliberale Establishment an den Universitäten wird zutiefst verachtet, genau wie der alte Kapitalismus mit seinen Hierarchien, Bürokratien und seinem sozialen Verantwortungsbewusstsein. Für die neue Elite ist all dies schlicht überflüssig geworden. »Vor allem in den avancierten Bereichen der Hochfinanz, der modernen Technologie und der ausgeklügelten Dienstleistungen kommt die Wirtschaftsmaschine für ein profitables und effizientes Funktionieren vielleicht mit einer immer kleineren Elite aus«, schreibt Richard Sennett.[4]

Selbst in der Architektur ist eine »Refeudalisierung« zu beobachten. So vergleicht Barbara Ehrenreich moderne Unternehmensgebäude mit mittelalterlichen Burgen, »gut befestigt, umgeben von schwierigen Checkpoints, mit gläsernen Mauern, die einladend in der Sonne glitzern«.[5] Diese Burgen bieten jedoch weder Schutz noch Arbeitsplätze. Sie sind auch nicht mehr Mittelpunkt von Gemeinschaften, wie die vertikal integrierten Fabriken des alten Kapitalismus. Es sind vielmehr anonyme Kommandozentralen eines weltweit verzweigten Netzes einer »Supply-Chain«, in der rund um den Globus in einzelnen Modulen gefertigt just-in-time (fertigungssynchron) geliefert und kundengerecht endmontiert wird. Alle sind in das riesige, minutiös kontrollierte Räderwerk eingebunden, formal selbstständige Zulieferer-Unternehmen genauso wie die Landesfürsten des Mutterunternehmens. Was in der Gemeinschaft oder auf nationaler Ebene passiert, verliert an Bedeutung. Die Bauern produzieren zu teuer, die Beamten sind zu bürokratisch. Auf dem Land wuchern die Subventionen, in der Stadt blüht die Sozialhilfe. Die Polen arbeiten billiger, die Amerikaner länger, und die Chinesen tun beides. Parallel zu dieser Entwertung der bürgerlichen Arbeit entwickelt sich eine groteske Überhöhung der Arbeit einer schmalen Elite von Managern. Das äußert sich nicht nur in den absurd hohen Gehältern, es äußert sich auch beispielsweise darin, welch höfisches Verhalten der »Davos Man« mittlerweile an den Tag legt.

Der neue Totalitarismus

Totalitarismus wird fast automatisch mit unbegrenzter und willkürlicher Staatsmacht gleichgesetzt, mit Kommunismus und Faschismus. In seinem Buch *Fear* stellt jedoch der Politologe Corey Robin die These auf, dass sich in den postindustriellen Gesellschaften totalitäres Verhalten an den Arbeitsplatz verlagert hat. »Arbeitgeber verlassen sich auf das Mittel der Angst, nicht weil sie

Sadisten oder gewalttätige Menschen wären, sondern weil sie glauben, dass Angst die Energie ist, welche die moderne Wirtschaft antreibt«, schreibt Robin.[6] Andrew Grove, der Gründer von Intel, ist ein bekennender Anhänger dieser These. Er ist auch Autor eines der einflussreichsten Managerbücher der letzten Jahre, mit dem Titel *Only the Paranoid Survive* (*Nur die Paranoiden überleben*). »Angst vor der Konkurrenz, Angst vor dem Bankrott, Angst vor Fehlern und Angst vor der Niederlage, Angst kann ein wirksamer Motivator sein«, schreibt Grove. »Wie aber kultivieren wir diese Angst von dem Verlieren bei unseren Angestellten? Wir können es nur, wenn wir diese Angst selbst verspüren.«[7]

Der moderne Arbeitnehmer wird nicht nur mit Angst diszipliniert und motiviert, er wird auch überwacht und auf Drogen und politische Gesinnung getestet. »Wenn wir uns mit Angst im amerikanischen Stil befassen, dann ist es am Arbeitsplatz, wo alles beginnt und aufhört«, schreibt Robin, »denn es ist am Arbeitsplatz, wo Männer und Frauen im zeitgenössischen Amerika am regelmäßigsten mit persönlichen Zwängen und repressiver Angst konfrontiert werden.«[8] In Thrillern wie John Grishams *Die Firma* werden solche Praktiken geschildert, anscheinend ziemlich realistisch. Wal-Mart beispielsweise hat eine eigene Überwachungstruppe, die sich aus ehemaligen Mitarbeitern der Geheimdienste und des Justizministeriums zusammensetzt. Wer im Verdacht steht, gegen die internen Richtlinien zu verstoßen, bekommt es mit dieser Truppe zu tun, selbst wenn er Mitglied der Geschäftsleitung ist. Das bekamen die ehemaligen Wal-Mart-Spitzenmanager Julie Roehm und Sean Womack zu spüren. Die Geheimtruppe wurde auf die beiden angesetzt, weil sie angeblich ein Verhältnis miteinander hatten. »Die Untersuchung war atemberaubend, was ihre Gründlichkeit betraf«, schreibt dazu die *International Herald Tribune*. »Anwälte von Wal-Mart erreichten mit einer Klage gegen Womacks Frau Shelly, dass sie darüber Auskunft geben musste, wie sie von der Beziehung ihres Gatten und Roehm erfahren hatte. Sie zwangen sie dazu, Dutzende von peinlichen E-Mails ihres Mannes herauszugeben.«[9]

Verordnete Gesundheit am Arbeitsplatz, private Überwachung: Das Ende des Kalten Krieges erweist sich immer weniger als Triumph der Demokratie und der Freiheit. Gleichzeitig entstehen in Russland und China statt funktionierender Marktwirtschaften neue Formen eines Staatsmonopol-Kapitalismus. In Russland hat sich nach heftigen Machtkämpfen unter den neuen Oligarchen die Putin-Fraktion durchgesetzt. In China ist die Macht der kommunistischen Partei weiter ungefährdet. In beiden Ländern fehlen jedoch nach wie vor eine unabhängige Justiz und eine freie Presse, Institutionen, ohne die eine im besten Sinne freie Marktwirtschaft nicht funktionieren kann.

Im Westen hingegen werden diese Errungenschaften der Aufklärung geschwächt. Die neuen Finanz-Oligarchen kämpfen für niedrigere Steuern und einen schwachen Staat. Dabei geht nicht nur die Infrastruktur vor die Hunde, auch die Zivilgesellschaft ist immer stärker gefährdet. Die postindustrielle Gesellschaft sägt am Ast, auf dem sie sitzt: »Nachhaltiger, legitimierter Kapitalismus mit hohem Wachstum braucht Institutionen, deren Werte und Mission sich mit den Werten des Marktes reiben, ja manchmal in Opposition zu ihnen stehen, nur so bleibt der Markt ehrlich«, warnt beispielsweise Will Hutton.[10] Auch der Philosoph Jürgen Habermas ist alarmiert. Er sieht die freie Presse in Gefahr und fordert ein Eingreifen des Staates. »Ohne die Impulse einer meinungsbildenden Presse, die zuverlässig informiert und sorgfältig kommentiert, kann die Öffentlichkeit diese Energie (für eine Meinungs- und Willensbildung) nicht mehr aufbringen«, befürchtet Habermas. »Wenn es um Gas, Elektrizität oder Wasser geht, ist der Staat verpflichtet, die Energieversorgung, der Bevölkerung sicherzustellen. Sollte er dazu nicht ebenso verpflichtet sein, wenn es um jene andere Art von ›Energie‹ geht, ohne deren Zufluss Störungen auftreten, die den demokratischen Staat selbst beschädigen? Es ist kein ›Systemfehler‹, wenn der Staat versucht, das öffentliche Gut der Qualitätspresse im Einzelfall zu schützen. Es ist nur eine pragmatische Frage, wie er das am besten erreicht.«[11]

Nach dem Fall der Berliner Mauer schien das »Ende der Geschichte« nicht nur für Francis Fukuyama nahe. Alle glaubten an den globalen Siegeszug von Demokratie und Marktwirtschaft. Im einundzwanzigsten Jahrhundert ist diese Zuversicht verschwunden. Plötzlich tauchen wieder Bücher wie *Kollaps* von Jared Diamond in den Bestsellerlisten auf, die davon handeln, dass Gesellschaften sich nicht immer nur weiterentwickeln, sondern gelegentlich auch zusammenbrechen. Dieser Pessimismus trifft den Nerv der Zeit. Globalisierung und technologische Entwicklung machen immer größere Teile der mittelständischen Arbeitswelt unsicher. Sie entwerten die Facharbeit und führen zu einer neuen, nicht rassistischen Ungleichheit. Die Gewinner nehmen nicht nur alles. Die neuen Oligarchen werden zur Bedrohung dessen, was sie zu schützen vorgeben: die liberale Gesellschaft und die Marktwirtschaft.

Kapitel 10

Der Wohlstandskrieg

Die kapitalistische Gesellschaft ist einerseits geprägt vom Verteilungskampf der Sozialpartner: Wie viel erhalten Arbeitgeber vom Kuchen, wie viel die Arbeitnehmer? Dieser Klassenkampf wird primär im Zeichen der Gerechtigkeit geführt. In den postindustriellen Gesellschaften des einundzwanzigsten Jahrhunderts ist dieser Kampf zwar noch längst nicht entschieden, aber ein zweites Phänomen hat sich dazugesellt: die Sinnfrage. Hören wir dazu noch einmal den Arbeitspsychologen der ETH Zürich, Professor Theo Wehner. Auf die Frage, warum nicht Arbeitslose, sondern vor allem aktiv im Beruf Stehende Freiwilligenarbeit leisten, antwortet er:»Nicht die verfügbare Zeit ist das Motiv für ehrenamtliche Tätigkeiten, sondern der Wunsch, etwas Sinnvolles zu tun. Die Arbeitsgesellschaft kann dies an vielen Arbeitsplätzen nicht mehr bieten, sie ist in einer eigentlichen Sinnkrise. Die meisten Freiwilligen sind mittleren Alters und deshalb in einer Lebensphase, in der sie etwas zurück- oder weitergeben möchten. Wenn sie das nicht können, besteht die Gefahr von Burnout oder innerer Kündigung. (...) Der Arbeitslose ist auch in dieser Hinsicht in einem Dilemma. Er möchte erst an der gesellschaftlichen Arbeitsteilung teilnehmen können, ehe er (wieder) freiwillig tätig wird. Ich kenne Betroffene, die es nach dem Verlust der Arbeit nicht einmal mehr schafften, in ihrem Verein wie vorher die Jugendmannschaft zu trainieren.«[1]

In den»goldenen« 30 Jahren nach dem Zweiten Weltkrieg gab es diese Sinnkrise, von der Wehner spricht, nicht. Die besten Unternehmen boten ihren Mitarbeitern nicht nur Sicherheit und oft einen lebenslangen Arbeitsplatz, sie gaben ihnen auch eine Identität. Firmen wie die Swissair oder IBM besaßen sehr viel soziales Kapital. Sie investierten nicht nur in die Weiterbildung, sondern boten ihren Leuten auch Freizeitmöglichkeiten an, auf ausgezeichneten firmeneigenen Sportanlagen beispielsweise. Umgekehrt war die Loyalität ihrer Mitarbeit beinahe grenzenlos. Wer bei diesen Firmen angestellt war, der hatte nicht nur einen Job, er war Teil einer großen Familie. Viele dieser Mitarbeiter nahmen deshalb den Arbeitgeber sogar in ihren Eintrag ins Telefonbuch auf (z. B. Fritz Meier, Swissair-Angestellter). Oder sie demonstrierten ihre Firmenloyalität über ihre Kleidung. So entstand der Spitzname »Big Blue« für IBM – IBM-Mitarbeiter konnte man sofort an ihren Uniformen, den blauen Anzügen, erkennen.

Die Symbolanalysten kommen

Der neue Kapitalismus hat diese Loyalität der Arbeitnehmer gründlich verändert. 1981 hatte Ronald Reagan Tausende von staatlichen Fluglotsen gefeuert, weil sie in den Streik getreten waren, und damit das Startzeichen für die neue Entlassungskultur in den USA gegeben. »In den späten 90er-Jahren ist es eine normale Praxis geworden, dass man Mitarbeiter entlässt, genauso normal, wie 25 Jahre zuvor der sichere Arbeitsplatz üblich war«, schreibt Louis Uchitelle.[2] Die globale Wertschöpfungskette wurde immer weiter ausgebaut und die Strukturen in der Welt immer flacher. In den USA begann die Regierung damit, den Amerikanern die Globalisierung schmackhaft zu machen. Präsident Clinton versammelte überzeugte Anhänger des freien Handels um sich. Robert Rubin, zuerst ökonomischer Berater, später Wirtschaftsminister, kam von der Wall Street, wo er die renommierte Investmentbank Goldman Sachs geleitet hatte. Arbeitsminister Robert Reich holte er aus Harvard. Reich hatte soeben ein Buch mit dem Titel *The Work of Nations* veröffentlicht, ein Loblied auf die internationale Arbeitsteilung.

Das Buch war auch eine Art Masterplan und Rechtfertigung für Clintons Globalisierungspolitik. Der Präsident selbst soll ein Exemplar davon bei sich getragen haben, in dem er die wichtigsten Passagen unterstrichen hatte. Reich schildert darin eine neue Zweiteilung des globalen Arbeitsmarktes. Auf der einen Seite finden sich Arbeitskräfte, die vor allem mit Routinetätigkeiten beschäftigt werden. Darunter hat man nicht nur Fließbandarbeit in Massenproduktionen zu verstehen. Auch die stets gleichbleibenden Vorgänge im Rechtswesen, in der Buchhaltung, der Medizintechnik und im Computer- und Ingenieurbereich fallen darunter. Diese Arbeiten sind stark von Outsourcing bedroht. Mit anderen Worten: Sie können in einer »flachen Welt« leicht in Billiglohnländer verlegt werden, und genau das geschieht auch.

Das gilt nicht für die zweite Gruppe der Reichschen Arbeitsweltordnung, die »Symbolanalysten«. Darunter versteht der Autor Wissenschaftler, Financiers, Marketingspezialisten, Designer, Architekten, Filmproduzenten, PR-Spezialisten, kurz: Menschen, die kreativ tätig und deshalb nicht so leicht zu ersetzen sind, weil ihre Arbeit nicht so ohne Weiteres austauschbar ist. Ihre Arbeitsplätze können nicht mal eben ins billige Ausland verlegt werden. »Symbolanalysten« verfügen über eine sehr gute Ausbildung, aber nicht zwangsläufig über einen Hochschulabschluss: »Stellen Sie sich eine Verkäuferin vor, die dank eines Computers das gesamte Inventar ihres Ladens kontrollieren kann und in der Lage ist, selbstständig den Nachschub zu organisieren«, schreibt Reich. »Der Computer verdrängt die Verkäuferin nicht, er macht sie wichtiger. Er lässt sie mehr Verantwortung übernehmen und erhöht damit den Beitrag, den diese Verkäuferin zur Wertschöpfung ihres Unternehmens beisteuert. Die Anzahl solcher technologisch empowerten Arbeitsplätze wird nur begrenzt durch die Möglichkeit der Arbeiter, sich an ihrem Arbeitsplatz weiterbilden zu können. Das bedeutet, dass viel mehr Amerikanerinnen und Amerikaner eine solide Erstausbildung in Mathematik, Naturwissenschaften, Lesen und Kommunikationsfähigkeiten brauchen.«[3] Robert Reich rechnet damit, dass es mit einer richtigen Politik, mit verstärkter, verbesserter Ausbildung gelingen sollte, 60 bis 70 Prozent der US-Arbeitskräfte zu »symbolischen Analysten« zu machen, zu Arbeitnehmern also, die zu den Gewinnern der Globalisierung gehören. Was ist mit den restlichen 30 bis 40 Prozent? Den Busfahrern, Krankenschwestern, Hauswarten und Kellnerinnen? Sie verrichten eine Arbeit, bei der die Produktivität nicht laufend erhöht werden kann. Ihre Arbeit wird deshalb relativ gesehen immer teurer und gerät dadurch zunehmend unter Spar -und Auslagerungsdruck. Das kann dazu führen, dass diese Arbeitnehmer vom Staat mit Kombilöhnen oder einer negativen Einkommenssteuer subventioniert werden müssen. Nur auf diese Weise kann der ungeschriebene Sozialvertrag pro forma nach wie vor eingehalten werden: Wer arbeitet, hat Anrecht auf ein anständiges Leben.

Aus- und Weiterbildung, Workfare (die Koppelung von Sozialleistungen an die erkennbare Bereitschaft der Bezieher, zu arbeiten) und Freihandel waren deshalb Kernthemen der Wirtschaftspolitik der Clinton-Regierung, die sich generell in den modernen Staaten durchgesetzt hat. Das ist auch nicht weiter verwunderlich: Es ist die logische Umsetzung der klassisch-liberalen Handelstheorie, die Anwendung von David Ricardos These des komparativen Vorteils. Diese besagt, dass grundsätzlich alle Länder von freiem Handel und Arbeitsteilung profitieren. Freihandel ist die konsequente Weiterführung des Prinzips der Arbeitsteilung im Sinne von Adam Smith. Verlierer gibt es zwar ebenfalls, aber nur in einzelnen Branchen und nur vorübergehend. Aufgabe der Regierung ist es, die Ausbildung der »symbolischen Analysten« sicherzustellen und den Verlierern unter die Arme zu greifen. Die größten wirtschaftspolitischen Triumphe der Clinton-Regierung waren deshalb das Freihandelsabkommen mit Kanada und Mexiko (NAFTA) und die Reformation des Wohlfahrtstaates. Beides wäre heute in dieser Form nicht mehr möglich. Die Globalisierungseuphorie der 90er-Jahre ist abgekühlt, in der Bevölkerung macht sich Ernüchterung breit, bei den Ökonomen Skepsis.

In den Neunzigern war Globalisierung weitgehend gleichbedeutend mit der Amerikanisierung der Welt. Die Proteste der Globalisierungsgegner richteten sich gegen die Ausbeutung der Dritten Welt, gegen ökologische Zerstörung und gegen den kulturellen Eintopf der westlichen Multis. Heute sind China und Indien im Begriff, die USA als Symbol einer globalisierten Welt abzulösen. Billige Produkte aus dem Osten überschwemmen den Westen und bedrohen nicht nur die Jobs der ungelernten Arbeitskräfte. Auch die »symbolischen Analysten« geraten unter Druck. Inder kaufen europäische Stahlkonzerne, Chinesen Teile von Hightech-Unternehmen wie IBM und Siemens. Asiatische Universitäten spucken gut ausgebildete Ingenieure im Rekordtempo aus, aber auch Steuerberater, Ärzte, Anwälte, Bankanalysten und Journalisten. Die neuen Globalisierungsgegner sind deshalb nicht mehr linke Träumer oder Öko-Freaks. Die neuen Globalisierungsgegner sind verängstigte Mitglieder des Mittelstandes. Sie fackeln keine Fastfood-Restaurants ab, sie fordern soziale Sicherheit und den Schutz ihrer Arbeitsplätze, wenn es sein muss, auch mit protektionistischen Mitteln.

Regelmäßig zeigen Meinungsumfragen diesen Stimmungswandel an. Im Frühjahr 2005 hat so etwa eine globale Erhebung des Marktforschungsinstituts ACNielsen Folgendes ergeben: 87 Prozent der Inder und 80 Prozent der Chinesen glauben daran, dass sich ihre Wirtschaftlage in Zukunft verbessern wird. Im Westen dominiert hingegen Pessimismus: Nur 15 Prozent der Franzosen, 21 Prozent der Deutschen und 29 Prozent der Schweizer sehen für sich eine bessere wirtschaftliche Zukunft.[4] Der ehemalige Finanzminister Robert Rubin gibt offen zu, dass er heute keine Chance mehr hätte, ein Abkommen wie den NAFTA-Vertrag durch den Kongress zu bringen. »Die Welt ist noch viel unsicherer geworden«, sagt er. »In den USA erleben die Menschen seit Jahren, dass ihre Löhne nicht mehr steigen. Gleichzeitig gibt es sehr viele Umstrukturierungen der Wirtschaft. Das sorgt für Angst. Eine nationale Umfrage hat kürzlich ergeben, dass 55 Prozent der Amerika-

ner sagen, sie seien heute schlechter gestellt als vor zehn Jahren.
Eine Umfrage von *New York Times* und CBS hat ergeben, dass 69
Prozent der Amerikaner eine Erhöhung der Zollschranken wün-
schen. Mit China und Indien hat sich die Welt grundlegend verändert. Wegen der aktuellen Wechselkurse ist die globale Ökonomie
sehr kompliziert geworden, anders, als die traditionelle Handelstheorie sie beschreibt.«[5]

Ketzerei in den Reihen der Ökonomen

Kritik an der traditionellen Handelstheorie wird selbst bei den
Ökonomen salonfähig, Skepsis macht sich breit. »Wenn wir Ökonomen nur immer wiederholen: Freier Handel ist gut für alle, dann
werden wir sehr bald irrelevant werden«, erklärte Alan Blinder in
einem Kommentar in der *Washington Post* im Frühsommer 2007.[6]
Blinder ist nicht irgendwer. Er ist Professor an der renommierten
Princeton University, Vizepräsident der US-Notenbank und einer
der angesehensten Ökonomen der USA. Wenn ein Mann wie Blinder Zweifel an der klassischen Handelstheorie äußert, dann ist das
etwa so, als stelle ein katholischer Kardinal die Unfehlbarkeit des
Papstes in Frage. Zuvor hatte sich der Princeton-Professor schon
im Magazin *Foreign Affairs* der Ketzerei schuldig gemacht. In seinem Artikel hatte er bezweifelt, dass der Strukturwandel im Sinne
der klassischen Theorie funktioniert, dass also mit genügend Bildung automatisch genügend Jobs für »symbolische Analysten«
geschaffen werden. Seine Argumentation lautet dabei zusammengefasst wie folgt:

Anders als etwa Industriearbeiter können Musiker ihre Produktivität nur sehr eingeschränkt steigern. Auch Krankenschwestern und Lehrern ergeht es so, es sei denn, sie tun es auf Kosten
der Qualität ihrer Arbeit. Da aber die Nachfrage nach Lehrern
und Krankenschwestern mit steigenden Preisen nicht wesentlich
sinkt, wird der Anteil dieser wenig produktiven Berufskategorien

an der Gesamtbeschäftigung immer größer. Die Folge: Der Produktivitätsfortschritt verlangsamt sich. In der Ökonomie wird dieses Phänomen als die Baumolsche Kostenkrankheit bezeichnet, weil der New Yorker Professor William Baumol es als Erster ausführlich beschrieben hat und dafür beinahe mit dem Nobelpreis ausgezeichnet wurde. Eine daraus abgeleitete These lautet: Da es kein Wachstum der Produktivität gibt, steigen die Preise von persönlichen Dienstleistungen wie Pflege, Ausbildung und Unterhaltung relativ gesehen stärker als Preise industriell gefertigter Güter wie Autos oder unpersönlicher Dienstleistungen wie Telefongespräche.

Die Baumolsche Kostenkrankheit gewinnt in der »flachen Welt« an Bedeutung. Da der technologische Fortschritt unaufhaltsam ist und die Kosten für die Kommunikation sinken, werden immer mehr persönliche Dienstleistungen zu unpersönlichen. In der Folge werden nicht nur Callcenter nach Indien und auf die Philippinen verlegt. Es bedeutet auch, dass zunehmend Jobs von »symbolischen Analysten« von Outsourcing bedroht sind. Im Kapitel über die Mensch-Maschine haben Sie gesehen, wie das Fachwissen an Bedeutung verliert und deshalb auch der »Beruf« in Gefahr gerät. Darunter leidet nicht nur das Selbstbewusstsein des Mittelstandes. Wenn aus nicht handelbaren Dienstleistungen handelbare werden, dann wird eine ganze Reihe von bisher gut geschützten und gut bezahlten Jobs im Westen dem gnadenlosen Wettbewerb aus dem billigen Osten ausgesetzt. Blinder geht davon aus, dass allein in den USA rund 40 Millionen Arbeitsplätze potenziell durch Outsourcing bedroht sind, sprich vom persönlichen in den unpersönlichen Dienstleistungssektor wechseln könnten und damit handelbar werden. Die politischen Folgen sind dramatisch. Blinder spricht von der »größten wirtschaftspolitischen Herausforderung dieser Generation« und warnt vor einer Übergangsperiode, die »gewaltig ist, lange dauern und sehr schmerzhaft sein wird«.[7]

Fokus auf China

Die größte wirtschaftspolitische Herausforderung, von der Blinder spricht, hat einen Namen: China. Das Reich der Mitte ist der neue Elefant im Wohnzimmer der westlichen Politik geworden. Kaum eine Woche, in der nicht eine Zeitschrift das »chinesische Zeitalter« einläutet oder wieder ein Buch erscheint, das vor den Gefahren des aufstrebenden Wirtschaftskolosses warnt. China wird zum großen Rivalen Amerikas im Kampf um die Weltherrschaft, einem Kampf, der aus westlicher Sicht nicht mehr auf dem Schlachtfeld, sondern auf dem Arbeitsmarkt ausgetragen wird.

China hat keine smarten Bomben, China hat ein scheinbar unerschöpfliches Reservoir an billigen Arbeitskräften. Durch den Eintritt Chinas in die Welthandelsorganisation WTO ist das globale Angebot an Arbeitskräften sprunghaft und massiv angestiegen. *Drei Milliarden neue Kapitalisten sind entstanden*, lautet in deutscher Übersetzung der Titel eines Buches von Clyde Prestowitz, und der Asienspezialist und ehemalige Wirtschaftsberater der Reagan-Regierung macht schon in der Unterzeile klar, was dies für die Welt bedeuten wird: Die große Verlagerung des Reichtums und der Macht in den Osten.

Chinas WTO-Beitritt und die Öffnung Indiens haben auf dem Arbeitsmarkt einen »Angebotsschock« ausgelöst, das Angebot von Arbeitskräften hat sich quasi über Nacht verdoppelt. Sicher entsteht in China auch eine neue Nachfrage, weil es dort auch eine riesige Anzahl neuer Konsumenten gibt, doch diese Entwicklung liegt deutlich hinter dem Angebot an Arbeitskräften. In den Augen von Prestowitz ist es deshalb naiv zu glauben, dass der Angebotsschock vom Strukturwandel automatisch absorbiert werden kann. »Lange ist man davon ausgegangen, dass die Arbeitsplätze, die in der Industrie verschwinden, durch sichere und gut bezahlte Jobs im Dienstleistungssektor kompensiert würden. Diese Sicht ist jedoch vor-Internet und vor-Dritte-Welle [nach den Wellen aus Japan und Südkorea, Anm. der Verfasser]. Es könnte sich erweisen, dass sich diese Sicht in einer Welt mit drei Milliarden neuen Kapitalisten, die bald online sein werden, nicht mehr aufrechterhalten lässt.«[8] Und weiter: »Die Amerikaner werden wahrscheinlich bald erkennen müssen, dass sie als individuelle Arbeitskräfte nicht mehr wettbewerbsfähig sind. Sie haben bis heute nicht begriffen, dass ihr hoher Lebensstandard das Resultat von Glück und nicht ihrer persönlichen Tugend ist.«[9]

Der asiatische »Angebotsschock« auf dem globalen Arbeitsmarkt löst heftige politische Reaktionen aus. Der Streit um den richtigen Wechselkurs ist zum Dauerzwist geworden, die USA belegen Papier mit höheren Importzöllen, die EU halbiert die chinesische Quote für die Einfuhr von Büstenhaltern und Unterwäsche und dergleichen mehr. Für den ehemaligen Chefökonomen der Weltbank und Nobelpreisträger Joseph Stiglitz ist dies nicht weiter verwunderlich. »Das wahre Problem liegt darin, dass selbst eine relativ kleine Lücke zwischen Angebot und Nachfrage auf dem Arbeitsmarkt große Probleme schaffen kann«, schreibt er in seinem Buch *Die Chance der Globalisierung*. »Es führt zu stagnierenden oder gar fallenden Löhnen und verursacht ein hohes Maß an Angst bei den Arbeitnehmern, die um ihren Job bangen.«[10]

Richard Freeman, Ökonomieprofessor an der Harvard University, untersucht seit Jahren die Auswirkungen des chinesischen Angebotsschocks auf den Westen. Er kommt zu folgendem Schluss: »Das Resultat ist eine ganz andere Globalisierung als uns IWF, Weltbank und andere Organisationen prophezeit haben, als sie ihre Empfehlungen für die Weltwirtschaft abgegeben haben«, schreibt er in einer im Sommer 2005 veröffentlichten Studie.[11] Freeman reiht sich damit ebenfalls in die wachsende Schar der Kritiker der klassischen Handelstheorie ein. Die von ihm angesprochenen Empfehlungen gehen von einem funktionierenden Strukturwandel aus, davon also, dass sich die Arbeit in den reichen Ländern in die Bereiche mit höherer Wertschöpfung verlagert und die unqualifizierte Arbeit in die Billiglohnländer abwandert.

China ist anders, vor allem viel größer. In diesem Riesenreich laufen derzeit zwei Prozesse parallel ab: Einerseits wird China tatsächlich zur Werkbank der Welt und seine Reservearmee an billigen Arbeitskräften wird dafür sorgen, dass es diesen Bereich nicht mehr verlassen wird. Gleichzeitig entwickelt sich das Land aber auch rasend schnell zum Hightech- und Forschungsstandort. Bereits im Jahr 2010 werden in China mehr Naturwissenschaftler und Ingenieure ihren Hochschulabschluss machen als in den USA. Richard Freeman teilt deshalb die Bedenken von Clyde Prestowitz: »Die Vorstellung, dass sich die gelernten Arbeitskräfte in den USA keine Sorgen machen müssen wegen der Konkurrenz von ebenso gut ausgebildeten Arbeitnehmern in den Billiglohnländern, stimmt nicht mehr mit der Realität überein«, sagt er.[12]

Ins gleiche Horn stößt auch Oded Shenkar von der Universität Ohio. Der Asienexperte warnt in seinem Buch *The Chinese Century* ebenfalls vor falschen Illusionen: »Die Vorstellung, dass die US-Wirtschaft weiter boomen kann, indem sie sich auf die Rolle des Innovators beschränkt und sich auf hohe Wertschöpfung konzentriert, ist falsch, denn wir leben in einer Welt, in der alle Volkswirtschaften diese Strategie verfolgen.« Stattdessen fordert Shenkar ein radikales Umdenken: »Das makroökonomische Argument, dass ›freier Handel allen nützt‹, lässt sich leicht sagen; es ist auch leicht, für ›fairen Handel‹ zu plädieren. Es ist jedoch ungleich schwerer, die Parameter für Fairness zu bestimmen, zu entscheiden, wer in diesem neuen Spiel fair spielt, und den Gewinner (und die Verlierer) zu ermitteln. China wird möglicherweise die Spielregeln für alle drei Punkte auf den Kopf stellen.«[13]

Die radikalste Abwendung von der klassisch-liberalen Handelstheorie ist die These von einem Wohlstandskrieg. Einer, der sie konsequent vertritt, ist Gabor Steingart. Der Wirtschaftschef des *Spiegel* hat mit seinem Buch *Weltkrieg um Wohlstand* im Jahr 2006 nicht nur die Bestsellerlisten gestürmt, er hat auch für heftige Diskussionen unter den Ökonomen gesorgt.

Für Steingart ist die These, wonach Handel den Wohlstand aller Beteiligten vergrößert, naiver Pazifismus der Ökonomen, und er hält das Gesetz des komparativen Vorteils für überholt. »In der heutigen Welt ist dieses Gesetz nur noch bedingt richtig«, sagt er. »Der Ökonom David Ricardo hat damit den kolonialistischen Handel im neunzehnten Jahrhundert beschrieben. Das moderne Kapital aber sucht nicht den komparativen, sondern den absoluten Vorteil. Deshalb bringt der freie Handel in seiner heutigen Form auch so viele Verlierer mit sich. Die Globalisierungsbilanz ist für den Westen gekippt.«[14]

Prestowitz hat den Amerikanern vorgeworfen, sie würden sich in einer falschen Sicherheit wiegen. Steingart tut das Gleiche für den alten Kontinent. »Ausgerechnet die überzeugten Freihändler in Europa müssen erleben, dass weite Teile zu den Verlierern des Welthandels zählen«, schreibt er.[15] Der Westen gehört zu den Verlierern, weil er immer noch an die Mär vom friedlichen Handel glaubt. Steingart fordert eine neue Ehrlichkeit: »Der Westen kann die Asiaten als Wettbewerber bezeichnen oder sie weiterhin Entwicklungsländer nennen«, schreibt er. »Ehrlicher wäre es, er würde diese Länder als das sehen, was sie auch sind: Angreiferstaaten.«[16]

Was ist vom Wohlstandskrieg zu halten? Die harten Fakten stützen diese These nicht, das zeigt ein Blick in die volkswirtschaftliche Statistik. Im Jahr 2005 haben beispielsweise 7,5 Millionen Schweizer einen Ertragsüberschuss von 68 Milliarden Franken erwirtschaftet. 1,3 Milliarden Chinesen schafften gerade mal 200 Milliarden; pro Kopf also rund 300 Mal weniger. Wer greift da wen an? Auch Deutschland rühmt sich bekanntlich, Exportweltmeister zu sein. Steingart lässt dies ungerührt, er wendet den deutschen Exporterfolg in sein Gegenteil: »Selbst das heutige Deutschland, eine der unbestreitbar erfolgreichsten Außenhandelsnationen der Welt, kann nicht länger als Beleg für Ricardos Thesen dienen. (...) Es kommt auf die Bedingungen an, unter denen die Erfolge im Äußeren errungen werden. In Deutschland wird die Exportfähigkeit der Volkswirtschaft seit Längerem mit dem Abbau inländischer Beschäftigung erkauft. Wobei es gleichgültig ist, ob der Verlust inlän-

discher Beschäftigung eine Folge von Betriebsverlagerungen oder
von Rationalisierungen ist. Fest steht: Große Exporterfolge und
eine im Inneren schrumpfende Volkswirtschaft sind die zwei Seiten
einer Medaille.«[17]

Der Logik seiner Wohlstandkriegs-These folgend fordert Steingart auch eine militärische Gegenstrategie zum Angriff der Asiaten: Eine Art Wirtschafts-NATO soll die Chinesen zwingen, soziale und ökologische Standards einzuhalten. Dabei darf sich der
Westen nicht schämen, auch die protektionistische Drohkarte zu
spielen. »Die internationale Handelspolitik gleicht nun mal einem
Pokerspiel, wo der eine den anderen zu übertrumpfen versucht,
weil der Friedfertige auch immer der Dumme ist«, schreibt Steingart. »Wer die Trumpfkarten aus ideologischen Gründen beiseite
legt, wird die Partie schwerlich für sich entscheiden können.«[18]

Reiche Länder, arme Einwohner?

Der Wohlstandskriegs-These ist für die meisten Ökonomen nach
wie vor Unsinn auf Stelzen. So sagt beispielsweise Peter Bofinger,
Professor in Würzburg und einer der »fünf Wirtschaftsweisen«:
»Die These fußt auf mangelnden Kenntnissen der Volkswirtschaft.
Außenhandel ist kein Nullsummenspiel wie ein Krieg. Es stimmt
einzig, dass die Wohlstandsgewinne einseitig verteilt werden können. Die Globalisierung hat in den letzten Jahrzehnten keine Volkswirtschaft ärmer gemacht, sondern alle in unterschiedlichem Ausmaß reicher. Das gilt auch für Europa. Durchschnittlich sind die
europäischen Volkswirtschaften jährlich um 2 Prozent gewachsen.
Wo bleibt da der ›Wohlstandkrieg‹?«[19]

In den Köpfen der verunsicherten Arbeitnehmer der postindustriellen Gesellschaften sieht es allerdings ganz anders aus. Ihnen
spricht Steingart aus dem Herzen, wenn er sagt: »In Deutschland
gibt es seit 1990 sinkende Reallöhne. Nur sehr wenige fühlen sich
als Gewinner der Globalisierung.«[20] Es ist tatsächlich paradox:

Die Weltwirtschaft boomt im einundzwanzigsten Jahrhundert wie zuletzt in den 70er-Jahren und die Konjunkturprognosen sind noch auf Jahre hinaus gut. Deutschland ist Exportweltmeister und die Arbeitslosigkeit lag im September 2007 bei 8,4 Prozent (Vorjahr: 10,1 Prozent). Die Schweizer Wirtschaft ist 2006 um 3 Prozent gewachsen, die Arbeitslosigkeit unter 3 Prozent gesunken. Als die volkswirtschaftlichen Kennzahlen das letzte Mal so gut waren, sorgten sich die Menschen um die Umwelt, Drogen und Kriminalität. Heute zeigt das jährlich erhobene Sorgenbarometer der Crédit Suisse, dass nach wie vor Arbeitslosigkeit an der Spitze der Probleme steht: Ungeachtet der Statistik fürchten zwei von drei Schweizern um ihren Job.

Der wirkliche Wohlstandskrieg findet nicht zwischen Ost und West statt, sondern innerhalb des Westens. Die einseitige Verteilung des Wohlstandgewinnes hat inzwischen geradezu perverse Ausmaße angenommen. Der bestbezahlte Hegde-Fonds-Manager, James Simons, hat 2006 1,7 Milliarden Dollar verdient. Das Einkommen des Mittelstandes hingegen stagniert. Der Wirtschaftswissenschaftler und Buchautor Benjamin M. Friedman stellt deshalb klar: »Das US-Bruttoinlandsprodukt wächst zwar, wenn man es rein statistisch betrachtet. Doch dieser Eindruck täuscht. Die Mehrheit der Amerikaner hat nicht das Gefühl, an diesem Wachstum teilzunehmen. Der Durchschnittsbürger leidet, weil sein Wohlstand nicht zu-, sondern abnimmt. Das war in den letzten fünf Jahren der Fall, wie dies die jüngsten Zahlen aus dem Jahr 2004 zeigen.«[21]

Der Wohlstandskrieg mag deshalb wenig mit den ökonomischen Fakten zu tun haben, er trifft aber die Stimmung eines verunsicherten Mittelstandes. Die Tatsache, dass Massenentlassungen und Outsourcen normal geworden sind, die sich immer weiter öffnende Lohnschere und eine sich immer dekadenter gebende neue Oligarchie, all das zeigt Wirkung. »Unkontrollierte Globalisierung könnte zur Verarmung vieler Menschen in den entwickelten Ländern führen, selbst wenn sich das Wirtschaftswachstum beschleunigt«, warnt deshalb Joseph Stiglitz in der *Financial Times* und weist auf einen gefährlichen Trend hin: »Wir werden zunehmend zu reichen Ländern mit armen Einwohnern.«[22]

Kapitel 11

So geht es nicht: Scheinlösungen

Nun haben Sie eine ganze Reihe von Fakten und Modellen kennengelernt, die alle um die Frage kreisen, was Arbeit in unserer Zeit bedeutet und wie Menschen, die keine Arbeit haben, wieder in den Arbeitsmarkt integriert werden können. Arbeitslosigkeit ist die große Sorge der Menschen und das große Thema der Politik. Es fehlt deshalb nicht an Lösungsvorschlägen. Sieben davon wollen wir kritisch unter die Lupe nehmen. Überlegen wir gemeinsam, was von ihnen zu halten ist:

1. Die Überalterungsthese: Sie besagt, dass in naher Zukunft die Arbeitskräfte knapp werden, wodurch die Arbeitslosigkeit sinken wird.

2. »Workfare«: Eine Therapie gegen die Arbeitslosigkeit, die von der These ausgeht, dass es gar keinen Mangel an Arbeit gibt, sondern nur Menschen, die in der Wohlfahrtsfalle stecken und deshalb nicht genügend Anreiz haben, eine Arbeit anzunehmen.

3. Der zweite Arbeitsmarkt: Eine Therapie, die sich von der Idee leiten lässt, dass die Arbeitslosigkeit eine Folge von Faulheit und Überforderung ist.

4. Lohnsubventionen: Dahinter steckt die Überzeugung, dass auch ein perfekt funktionierender Markt immer mehr Jobs schafft, deren »Produktivität« nicht ausreicht, um dem Jobinhaber das Existenzminimum zu sichern.

5. Dienstbotengesellschaft: Der Versuch, Arbeit zu schaffen, indem man möglichst viel unbezahlte Arbeit in Lohnarbeit verwandelt.

6. Bildung: Der Versuch, Arbeitslosigkeit zu bekämpfen, indem man die Arbeitslosen ausbildet und die Gebildeten dank ihrer Forschungsergebnisse neue Arbeit schaffen.

7. Protektionismus: Der Versuch, die Abwanderung von Arbeitsplätzen mit allen Mitteln zu verhindern.

1. Scheinlösung: Überalterung

Rund um das Thema »Überalterung« ist mittlerweile eine sozialwissenschaftliche Industrie entstanden. Es gibt kaum ein ernst zu nehmendes Institut, das diesem Thema nicht schon mindestens zwei Studien und zehn Seminare gewidmet hätte. Dabei kommen die meisten dieser Analysen zu einem Horrorschluss: Die Gesellschaft vergreist, der »Altersquotient« wird sich verdoppeln. Für Deutschland bedeutet dies, dass sich die Zahl der Rentner im Verhältnis zur Zahl der 20- bis 64-Jährigen bis 2050 von 32 auf 60 Prozent erhöhen wird. Der Schweiz soll es nicht besser gehen, das Verhältnis erhöht sich von 30 auf 59 Prozent.

Aus dieser Erkenntnis werden im Wesentlichen drei Schlussfolgerungen gezogen. Erstens: Wir müssen viel mehr arbeiten, denn jeder Erwerbstätige muss in Zukunft nicht nur für 0,3, sondern für 0,6 Rentner sorgen. Oder in ganzen Menschen ausgedrückt: Drei Aktive müssen zusammen zwei Rentner mitversorgen. Also, ab an die Arbeit. Zweitens: Die Überalterung hat zur Folge, dass unsere Renten nicht mehr zu finanzieren sind. Um zu vermeiden, dass wir in Zukunft unseren Kindern zu Last fallen, müssen wir ab sofort mehr sparen, damit wir statt von der Arbeit unserer Kinder vom eigenen Kapital zehren können. Also, sparen Sie los. Und drittens wird eine vergreiste Gesellschaft weniger innovativ und damit auch weniger produktiv sein. So warnen beispielsweise die Spezialisten für Ökonomie und Medizin Nicholas Eberstadt und Hans Groth: »Verschärfend kommt hinzu, dass sich die demografische Struktur der Erwerbsbevölkerung in Westeuropa in einer Weise verändern wird, die für die Produktivität der Region nichts Gutes verheißt. Neuerungen, Erfindungen und technische Durchbrüche entfallen vor allem auf die Altersgruppe der 30- bis 44-Jährigen. Doch genau diese Altersgruppe wird in Westeuropa bis 2030 um 20 Prozent sinken.«[1]

Wie ist diese These einzuschätzen? Die zunehmende Überalterung durch sinkende Geburtenraten ist eine Tatsache, daran gibt es nichts zu rütteln. Die damit verbundenen Weltuntergangs-Szenarien hingegen sind reine Hysterie, das lässt sich beweisen. Zum einen wird die sinkende Geburtenrate bisher durch Einwanderungen weitgehend kompensiert. Und zum anderen: Selbst wenn die offiziellen Prognosen zuträfen, fällt die dadurch ausgelöste zusätzliche Arbeitsbelastung im Verhältnis zu den Einsparungen durch den technologischen Fortschritt relativ gering aus. Weshalb? Wenn die demografische Entwicklung den Prognosen folgt, bedeutet dies für Länder wie Deutschland und die Schweiz, dass im Verlauf der nächsten rund 50 Jahre jedes Jahr pro 1 000 Menschen im aktiven Alter etwa vier Menschen im Alter 65 plus dazu kommen. Danach bleibt das Verhältnis stabil. Die Aktiven müssen also pro Jahr 0,4 Prozent mehr arbeiten, um den zusätzlichen Bedarf der Rentner zu decken.

Gleichzeitig aber wächst die Produktivität weiter, und zwar durchschnittlich rund 2 Prozent pro Jahr, falls wir den Trend der vergangenen 15 Jahre fortschreiben. Das bedeutet, dass die Erwerbstätigen bis ins Jahr 2050 nur ein Fünftel ihrer Produktivitätssteigerungen an die Rentner abgeben müssen. Konkret: Statt jährlich 2 Prozent könnten sie – bei unverändertem Arbeitsvolumen – jährlich etwas weniger, nämlich 1,6 Prozent mehr konsumieren. Ein zumutbares Opfer. Das bedeutet, dass der Wohlstand trotz Überalterung im Durchschnitt jährlich um 1,6 Prozent steigen wird. Zumindest was den Arbeitsmarkt betrifft, ist die Überalterung deshalb eher ein Segen als ein Fluch. Sie hat den Rückgang der Beschäftigung leicht gebremst und dadurch das Problem der Arbeitslosigkeit leicht entschärft. Zu einer echten Belastung für die Aktiven würde der steigende Altersquotient erst dann, wenn sich der Produktivitätsfortschritt dramatisch verlangsamen würde.

Dennoch ist die steigende Alterslast ein echtes Finanzierungsproblem. Sie führt nämlich – Produktionsfortschritte hin oder her – dazu, dass die Lohnprozente für die Finanzierung der Altersvorsorge steigen. Und dagegen regt sich Widerstand. Niemand gibt gerne etwas ab. Die vernünftige Alternative dazu sieht so aus: Statt das Geld für die eigene Rente auf die hohe Kante zu legen, sollten Sie eher darüber nachdenken, den Renteneintritt zu verschieben. Jedes Jahr, das man zusätzlich arbeitet (und entsprechend weniger lang berentet ist), verringert die Kosten der Pensionierung um fast ein Zehntel.

Warum also nicht länger arbeiten? In den vergangenen 35 Jahren ist die Lebenserwartung in Europa um acht bis zehn Jahre gestiegen. Und die Generation der 50- bis 74-Jährigen ist heute gesundheitlich fitter und besser ausgebildet als je zuvor. Dennoch ziehen sich die Menschen immer früher aus dem Erwerbsleben zurück. Damit wird die durchschnittliche Rentenbezugsdauer immer länger. In Frankreich etwa hat sie seit 1970 um rund 15 (!) Jahre zugenommen. In Deutschland waren es etwa neun und in Spanien zehn Jahre.

Aus dieser Sicht drängt sich also eine Erhöhung des Rentenalters um drei bis vier Jahre geradezu auf. Sie könnte nicht nur das Rentenproblem wesentlich entschärfen, sondern würde auch dazu beitragen, die Senioren besser in die Gesellschaft zu integrieren. Doch gerade dazu braucht es eine Neuverteilung der Arbeit. Die heutigen Senioren ziehen sich in der Regel ja nicht früher aus dem Arbeitsleben zurück, weil eine üppige Rente lockt, sondern weil es für sie schlicht keine Arbeit mehr gibt. Daran ändert sich natürlich auch dann nichts, wenn das Rentenalter per Gesetz erhöht wird.

2. Scheinlösung: Workfare

Der Begriff Workfare ist eine Verknüpfung von Work (Arbeit) und Welfare (Wohlfahrt, Sozialhilfe). Damit ist gemeint, dass die Gewährung von Sozialhilfe an die Bedingung geknüpft wird, dass sich der Empfänger ernsthaft um Arbeit bemühen soll und dabei vom Staat aktiv unterstützt wird. Auf diese Weise soll verhindert werden, dass die Betroffenen in die sogenannte Wohlfahrtsfalle geraten. Sie droht, wenn es sich für Bezieher von Sozialhilfe nicht lohnt, eine Arbeit anzunehmen, weil der Lohn dafür geringer oder nicht wesentlich höher ist als die Sozialhilfe, die sie in diesem Fall verlieren.

Mit Workfare wird die Wohlfahrtsfalle verhindert. Das kann teilweise funktionieren, vor allem, wenn die Konjunktur brummt und es tatsächlich offene Stellen gibt. Auch für Menschen am äußeren Rand der Bildungs- und Arbeitsmarktfähigkeit mag Workfare ein sinnvolles Anreizprogramm sein. In den USA und Großbritannien hat Workfare deshalb zu einer niedrigeren Arbeitslosenzahl geführt. Dies gilt vor allem für die meist schlecht ausgebildeten allein erziehenden Mütter, die von Kindergeld und Sozialhilfe einigermaßen leben konnten und die deshalb den Anschluss an den Arbeitsmarkt verloren oder nicht mehr gesucht haben. Der mehr oder weniger sanfte Zwang zur Arbeit führt aber auch dazu, dass Kinder sich selbst überlassen werden. Die Doppelbelastung durch Haushalt und einen meist schlecht bezahlten Beruf lässt auch weder Kraft noch Zeit für Weiterbildung übrig und erschwert den Erhalt der Gesundheit.

In Deutschland sind die verkürzte Bezugsdauer der Leistungen aus der Arbeitslosenversicherung und die Zusammenlegung von Arbeitslosenhilfe und Sozialhilfe auch ein Stück Workfare-Politik. Als generelle Therapie gegen Arbeitslosigkeit taugt Workfare jedoch nicht. Oder will jemand ernsthaft behaupten, Deutschland habe sechs Millionen Arbeitssuchende, weil plötzlich die Wohlfahrtsfalle sechs Millionen Mal zugeschlagen hat?

3. Scheinlösung: Der zweite Arbeitsmarkt

Workfare verhindert (angeblich) die Wohlfahrtsfalle und macht aus Arbeitslosen wieder normale Bürger. Der zweite Arbeitsmarkt hingegen soll denen ein menschenwürdiges Leben ermöglichen, die aus bestimmten Gründen den Anschluss verloren haben – sei es, weil sie tatsächlich zu faul sind oder weil sie von den immer härter werdenden Bedingungen auf dem Arbeitsmarkt überfordert werden. Typisches Beispiel für einen zweiten Arbeitsmarkt sind die Ein-Euro-Jobs in Deutschland.

In einer Studie der Credit Suisse mit dem Titel »Beschleunigte Arbeitswelt – soziale Desintegration?« wird das Problem prägnant zusammengefasst: Arbeitslose verlieren vor allem deshalb ihre Arbeit, weil sie, in einer beschleunigten Arbeitswelt, nicht mehr mithalten. Dies führt zu einer sozialen Desintegration, die aber durch einen ergänzenden Arbeitsmarkt überwunden werden kann. Wie muss man sich das vorstellen? »Erforderlich ist«, so heißt es in der Studie, »ein Angebot an einfachen Arbeiten, zum Beispiel Aufräum- und Reinigungsarbeiten, aber auch an anspruchsvollen Tätigkeiten, die im geschützten Rahmen stattfinden können. Hier geht es darum, wertvolles Humankapital so weit als möglich auszuschöpfen.«[2]

Es wird also eine Art neuer Gesellschaftsvertrag mit folgenden Inhalten abgeschlossen: Der Staat sichert den Arbeitslosen das »soziokulturelle Existenzminimum«, fordert aber eine Gegenleistung in Form von Arbeit auf dem zweiten Arbeitsmarkt. »Wird diese (Gegenleistung) von arbeitsfähigen Personen nicht erbracht«, so heißt es, »sind die Bezugsansprüche auf ein absolutes Minimum zu senken, sodass die Abhängigkeit von staatlichen Leistungen sehr unattraktiv wird.« Der zweite Arbeitsmarkt hat also noch einen kleinen Nebeneffekt: Er schreckt die Faulen davon ab, Sozialhilfe zu beziehen.

Das mag ja so sein, doch paradoxerweise wird ein erfolgreicher zweiter Arbeitsmarkt zu einer Gefahr für den ersten. Der zweite

Arbeitsmarkt ist nämlich kein Markt, sondern eine staatliche Zwangsbewirtschaftung von Arbeit. Bisher konnte der Staat das Entgelt für seine Dienstleistungen zwar per Steuern zwangsweise eintreiben. Die nötigen Vorleistungen muss er jedoch auf dem freien Markt (insbesondere auf dem Arbeitsmarkt) zu Marktpreisen einkaufen. Dank des zweiten Arbeitsmarkts kann er sich künftig fast gratis aus einem Pool von »Zwangsarbeitern« bedienen, denn die Grenzen zwischen dem ersten und dem zweiten Arbeitsmarkt sind fließend. Warum sollte eine ohnehin in finanziellen Schwierigkeiten steckende Gemeinde ihr Schulhaus vom Malermeister zum Tariflohn streichen lassen, wenn sie viel billigere Euro-Jobber zur Hand hat? Und wie kann Malermeister Müller noch auf polnische Schwarzarbeiter verzichten, wenn ihn die Konkurrenz mit staatlich subventionierten Billiglöhnen unter Druck setzt?

4. Scheinlösung: Staatliche Lohnzuschüsse

Staatliche Lohnzuschüsse gehen davon aus, dass es zwar immer genügend Arbeit gibt, es jedoch an bezahlbarer Arbeit mangelt, von deren Lohn man leben kann. Kombilohn und negative Einkommenssteuer sind die gängigen Arten staatlicher Lohnzuschüsse. Sie werden mittlerweile auch von der Linken und den Gewerkschaften akzeptiert. Die SPD will in Deutschland unter dem Titel »Bonus für Arbeit« ein Kombilohnmodell verwirklichen, das 100 000 neue Jobs schaffen soll. Mit dem Arbeitslosengeld II, auf das auch Geringverdiener Anspruch haben, gibt es zudem in Deutschland faktisch bereits einen Kombilohn: Wer vom Lohn nicht leben kann, erhält vom Staat einen Zuschuss, der wenigstens das Existenzminimum sichert. Ende 2006 bezogen rund zwei Millionen Arbeitnehmer (darunter 400 000 Vollzeitbeschäftigte) neben ihrem Lohn noch ein abgestuftes Arbeitslosengeld II.

Als kurzfristige Überbrückungsmaßnahme für die Opfer des

Strukturwandels sind staatliche Lohnzuschüsse sicherlich sinnvoll. Der freie Handel kann einzelne Branchen oder Betriebe rasch treffen, und diese Schocks gilt es abzufedern. In dieser Frage herrscht bei den Ökonomen weitgehend Einigkeit, selbst bei den neoklassischen. »Gebt ihnen Geld«, hat einst ihr Wortführer Milton Friedman gefordert.

Als Dauerzustand jedoch schaden Kombilöhne eher, als dass sie nutzen. Zwar gibt es tatsächlich Arbeitgeber, die bei niedrigeren Löhnen mehr Produkte und Dienstleistungen herstellen würden und entsprechend mehr Leute einstellen könnten. Doch dies ist eine rein betriebswirtschaftliche Sicht des Problems. Sie geht davon aus, dass der Lohn nicht höher sein darf als die Produktivität. Wer nur einen wenig produktiven Job macht, also wenig produktiv ist, der kann auch nur einen Lohn beanspruchen, der dieser Produktivität entspricht. Und wenn die Produktivität unterhalb des Existenzminimums liegt, dann muss eben der Staat die Differenz bezahlen. Der Arbeitgeber kann es nicht, sonst werden Arbeitsplätze zerstört.

Wie sieht es aber aus volkswirtschaftlicher Sicht aus? Zunächst einmal muss man feststellen, dass die real existierende Wirtschaft genau andersherum funktioniert, als sich dies die Verfechter von Kombilohnmodellen vorstellen. Die Marktkräfte haben bisher immer dazu geführt, dass die Arbeit weniger wird und die Reallöhne steigen – auch wenn diese Zuwächse in jüngster Zeit immer ungleicher verteilt worden sind. Der Versuch, mit sinkenden Löhnen mehr Arbeit zu schaffen, mutet vor diesem Hintergrund ein wenig seltsam an.

Das Problem liegt beim schillernden Begriff der »Produktivität«. Die volkswirtschaftliche Produktivität und ihre Veränderung können relativ leicht gemessen werden, indem man das inflationsbereinigte Bruttoinlandsprodukt durch die Anzahl der Arbeitsstunden teilt. Diese Produktivität ist somit ein Maß für den Stand und den Fortschritt der Technologie. Die individuelle Produktivität eines einzelnen Arbeitnehmers hingegen kann letztlich nur am

Lohn gemessen werden. Sie ist ein Maß dafür, wie viel jemand für eine Arbeitsstunde beziehungsweise für das in dieser Zeit hergestellte Produkt zahlen will. Wenn der Preis meiner Dienstleistungen mangels Nachfrage um 10 Prozent sinkt, sinkt auch meine gemessene Produktivität um 10 Prozent, auch wenn ich genauso effizient arbeite wie vorher.

Die individuelle Produktivität schwankt also mit dem Verhältnis von Angebot und Nachfrage. Die Feststellung, jemand habe einen niedrigen Lohn, weil er oder seine Arbeit nur eine geringe Produktivität habe, ist somit ein Zirkelschluss. Der Versuch, Arbeit mit staatlichen Zuschüssen zu verbilligen, schwächt die Nachfrage und damit die gemessene Produktivität und liefert so den Vorwand zu weiteren Lohnkürzungen, die noch mehr Lohnzuschüsse erforderlich machen. Der Zirkelschluss führt zu einem Teufelskreis von generell sinkenden Löhnen, sinkender Nachfrage und sinkender Produktivität. Wie tief die Produktivität sinkt, kann man im *Employment Outlook 2007* der OECD nachlesen. Dort steht, dass die durch »beschäftigungswirksame Maßnahmen« geschaffenen Stellen eine Produktivität von nur 30 Prozent des volkswirtschaftlichen Durchschnitts aufweisen.

Fazit: Kombilöhne sind höchstens kurzfristig eine Überbrückungslösung. Dauerhaft gilt für sie, was Karl Kraus über die Psychoanalyse gesagt hat: Sie sind die Krankheit, die vorgibt, ihre eigene Therapie zu sein.

5. Scheinlösung: Dienstbotengesellschaft

Die Idee, den Rückgang der bezahlten Arbeit zu bekämpfen, indem man unbezahlte in bezahlte Arbeit verwandet, ist weitverbreitet und das nicht ganz zu Unrecht. In Ländern wie Dänemark oder Schweden, wo die Kinder vorwiegend in staatlichen Einrichtungen wie Krippen und Kindergärten betreut werden und die Kantine die Hausfrau ersetzt, liegt die durchschnittliche jährliche Erwerbsdauer um 10 bis 20 Prozent höher als in Ländern wie Deutschland oder Italien, wo Erziehung noch überwiegend Hausarbeit ist.

Der Soziologe Richard Sennett sieht in der Verlagerung der Hausarbeit in die Geldwirtschaft ein Mittel zur Bekämpfung der Arbeitslosigkeit. In seinem Buch *Die Kultur des Kapitalismus* schreibt er: »Kheel [gemeint ist Theodore Kheel, der Gründer des Automation-House in New York, das sich mit den Folgen der Automatisierung beschäftigt] war ein Rufer in der Wüste, als er den Regierungen der westlichen Staaten erklärte, das einzige wirksame Mittel gegen die Folgen echter Automatisierung bestehe darin, aus bislang unbezahlter Arbeit im Bereich der Kindererziehung oder gemeinnütziger Tätigkeiten bezahlte Arbeit zu machen.«[3]

Das kann allerdings auf ganz unterschiedliche Art geschehen. Der skandinavische Weg besteht darin, durch eine ausreichende Zahl an Betreuungseinrichtungen allen Frauen die Möglichkeit zu geben, sich in die Erwerbswelt zu integrieren, wozu eben auch die erwähnten Betreuungseinrichtungen gehören. Die Alternative dazu ist die »Dienstbotengesellschaft«. Dabei geht es darum, die Frauen der Unterschicht mit steuerlich begünstigten geringfügigen Beschäftigungsverhältnissen in die Dienstbotenkammern der Oberschicht zu bringen. Deutschland scheint noch zwischen den beiden Modellen zu schwanken. Während noch vor Kurzem neoliberale Kreise das Dienstbotenmodell propagierten, hat der Bundestag im Oktober 2007 beschlossen, die Zahl der Krippenplätze und der Plätze bei Tagesmüttern für die unter Dreijährigen in den nächsten Jahren massiv auszubauen.

In der Vergangenheit hat die Kommerzialisierung von ehemaliger Hausarbeit zweifellos dazu beigetragen, dass der Rückgang der bezahlten Beschäftigung wenigstens verlangsamt wurde. In den USA hat die zunehmende Erwerbsarbeit der Frauen, gekoppelt mit einer nur langsam steigenden Gesamtproduktivität, sogar dazu geführt, dass die Arbeitszeit pro Kopf bis 1998 zugenommen hat.

Doch diese brachliegende Arbeitsreserve ist begrenzt. Zumindest in den USA scheint der Prozess der Umwandlung von Haus- in

Erwerbsarbeit schon abgeschlossen zu sein. Seit 1993 nimmt die Quote der erwerbstätigen Frauen nicht mehr zu, sondern sogar leicht ab.

In Zukunft wird das Pendel eher wieder zurückschlagen. Wenn die bezahlte Arbeit weniger wird, haben Männer und Frauen mehr Zeit, am Herd zu stehen, sich um die Kinder und um die Senioren zu kümmern, oder beim Fußballclub als ehrenamtliche Trainer zu wirken. Kurz: Es spricht vieles dafür, dass bezahlte Arbeit wieder in unbezahlte zurückverwandelt wird.

6. Scheinlösung: Arbeit durch Bildung

Bildung ist das Universalrezept gegen die Arbeitslosigkeit schlechthin. Kein Politiker, Unternehmer, Volkswirtschafter oder Lehrer, der nicht unablässig die Bedeutung der Bildung betont, und alle wissen auch weshalb: 1. Arbeitslosigkeit trifft vor allem die Ungebildeten, 2. gut ausgebildete Menschen erfinden neue Produkte und Dienstleistungen und schaffen damit neue Jobs.

Es ist unbestritten, dass Bildung zumindest einzelne Arbeitnehmer vor Arbeitslosigkeit schützt: Sie verringert ihr Risiko, arbeitslos zu werden. Wie aber sieht es für die gesamte Wirtschaft aus? Kann die Arbeitslosenquote tatsächlich signifikant verringert werden, indem man die unqualifizierten Arbeitslosen massenhaft schult?

Die Arbeitslosenquote unter der Arbeitsbevölkerung ohne Berufsabschluss ist überdurchschnittlich hoch. In Deutschland liegt sie bei rund 20 Prozent. Wenn es also gelänge, diese Leute auszubilden – was dann? Leider gibt es auch sehr viele arbeitslose Fachkräfte. In Deutschland haben fast 70 Prozent der Menschen ohne Job einen Lehr- oder Fachabschluss. 2004 lag die Arbeitslosigkeit der qualifizierten Arbeitslosen in den alten Bundesländern bei 7,3 Prozent, also nur rund ein Fünftel unter dem Gesamtdurchschnitt von 9,2 Prozent.

Doch selbst die Hoffnung, dass mehr Bildung die Arbeitslosenquote immerhin um rund ein Fünftel senkt, dürfte trügerisch sein. Die Tatsache, dass sich unter den Arbeitslosen überproportional viele schlecht Qualifizierte befinden, hat mit dem Bildungsniveau weniger zu tun als mit der Tatsache, dass bei einem Sesseltanz immer diejenigen ausscheiden, die mit irgendeinem Handicap belastet sind, sei es Bildung, Gesundheit, Alter, mangelnde Berufserfahrung oder was auch immer. Das ist normal und es führt wirtschaftspolitisch in die Irre, wenn man versucht, aus dem Kaffeesatz der Ausgeschiedenen zu lesen.

Das zweite Hauptargument für Bildung knüpft an die Erfahrungstatsache an, dass neue Jobs meist im Zusammenhang mit neuen Produkten entstehen. Für den französischen Ökonomieprofessor und Superintellektuellen Jacques Attali (er beriet fast alle französischen Präsidenten von Mitterand bis Sarkozy und gründete 1991 die Europäische Bank für Aufbau und Entwicklung) etwa ist die Hoffnung auf Jobs durch Bildung der absolut zentrale Punkt seiner Arbeitsmarktstrategie. Sein Buch *Die Zukunft der Arbeit*[4], das er mit sieben weiteren Autoren (Ökonomen, Gewerkschaftern und Unternehmern) verfasst hat, endet mit dem folgenden Satz:

»Wenn es der Menschheit gelingt, das Katastrophenszenario[5] zu vermeiden, dann besteht unsere Verantwortung vor allem darin, die kommenden Generationen darauf vorzubereiten, Arbeitsplätze zu besetzen, die heute noch nicht einmal in unserer Vorstellung existieren; sie werden die Forscher hervorbringen, die Innovationen schaffen, aus denen die Anwendungen hervorgehen, die solche Arbeiten erst notwendig machen.«

Attali setzt auf eine Erlösungshoffnung. Die Forscher werden in ihrer unergründlichen Weisheit schon die Produkte oder die neuen Verfahren entwickeln, deren Produktion und Anwendung die nötigen Arbeitsplätze schafft. Amen. Doch selbst Attali und den sieben Koautoren seines Buches fallen kein einziges neues Produkt und keine Anwendung ein, welche die Arbeitsplätze von morgen sichern werden. Die Forscher werden es richten – wenn wir nur genügend Mittel in die Forschung und in die Ausbildung stecken.

Die Erfahrungswerte stützen diese Hoffnung keineswegs. Sie zeigen vielmehr, dass Neuentwicklungen oder Erfindungen vor allem dazu dienen, bereits bestehende Produkte effizienter als bisher herzustellen. Attalis Forscher sind einer der Gründe für die steigende Produktivität, die wiederum der wichtigste Grund ist, weshalb Arbeitsplätze verschwinden. Anders ausgedrückt: Der Fortschritt der Forschung stützt die These dieses Buches. Wir müssen weniger, nicht mehr arbeiten.

Dabei ist gar nichts gegen Bildung und Forschung einzuwenden. Im Gegenteil: Sie müssen gefördert werden, aber aus den richtigen Gründen. Denn sie erhöhen die Produktivität und erlauben es uns, mit weniger Zeitaufwand mehr Produkte und Dienstleistungen herzustellen – und damit die Freizeit zu verlängern. Es lebe die Muße! Außerdem ist Bildung nicht zuletzt eines der wenigen Konsumgüter mit steigendem Grenznutzen. Je mehr man davon hat, desto mehr Spaß hat man daran. Und vielleicht kann mit ihr ja zumindest der Anteil der sinnvollen Arbeitsplätze gesteigert werden.

7. Scheinlösung: Protektionismus

Ist Ihnen das nicht auch schon einmal durch den Kopf gegangen: Wenn uns die Chinesen mit ihren billigen Produkten die Arbeit wegnehmen, warum sollten wir dann nicht einfach die Grenzen schließen? Nun, vielleicht deshalb, weil es dann alle anderen auch tun und wir am Schluss mehr Arbeitslose haben als zuvor. Aber sollten wir dann nicht wenigstens den Import von solchen Produkten unterbinden, die oft nur mithilfe von Kinder- oder Gefangenenarbeit hergestellt worden sind? Können wir die Entwicklungs- und Schwellenländer nicht darauf verpflichten, gewisse Mindeststandards in punkto Arbeit und Umwelt einzuhalten?

Dieser zweite Punkt ist schon erheblicher. In einer Welt des knallharten Preiswettbewerbs ist es eigentlich logisch, dass derjenige Anbieter gewinnt, der die Arbeitnehmer und die Umwelt am meisten ausbeuten kann. Die sozialen und umweltbewussten Unternehmer und diejenigen, die durch nationale Gesetze gezwungen werden, sich sozial und umweltfreundlich zu verhalten, haben gegen die Schmutzkonkurrenz keine Chance. Es droht eine Abwärtsspirale, falls nicht gewisse Mindeststandards weltweit definiert und durchgesetzt werden.

Allerdings muss man diesen theoretischen Einwand aus praktischer Sicht relativieren. China, unser wichtigster Konkurrent aus dem Fernen Osten, erfüllt zwar noch lange nicht alle denkbaren Standards. Aber zumindest in den industrialisierten Gebieten ist der allgemeine Lebensstandard relativ hoch und er steigt weiter an. Von Lohndumping kann keine Rede sein. Das reale Lohnniveau steigt in China seit mehr als 20 Jahren um 6 bis 8 Prozent jährlich. Wenn sich der einheimische Konsum nicht ganz im selben Rhythmus entwickelt und Chinas Exporte entsprechend steigen, dann liegt das nicht am Lohndruck, sondern nicht zuletzt daran, dass es in China keine allgemeine Krankenversicherung gibt. Und das zwingt die Leute, von sich aus Vorsorge zu treffen, spricht zu sparen.

Die chinesische Regierung hat im April 2007 einen Gesetzesentwurf vorgelegt, in dem es darum geht, die Stellung der chinesischen Arbeiter zu stärken – ohne ihnen jedoch das Recht zu geben, ihre Gewerkschaftsvertreter selbst zu wählen, geschweige denn zu streiken. Wie die *Post-Autistics Economic Review* meldet, wehren sich Chinas Arbeitgeber vehement gegen diese Verbesserung der Arbeitsbedingungen.[6] Die lautesten Proteste kommen – und das ist besonders interessant – von der Amerikanischen Handelskammer in Shanghai, die 1300 US-Gesellschaften vertritt, vom US-China Business Council (250 Firmen) und von der Handelskammer der Europäischen Union in China mit 860 Mitgliedern. Der Tenor dieser teils geharnischten Protestbriefe lautet in etwa so: »Das Gesetz

reduziert die Beschäftigungsmöglichkeiten für chinesische Arbeitskräfte, wirkt sich negativ auf die Wettbewerbsfähigkeit Chinas aus
und macht China für ausländische Investitionen weniger attraktiv« (aus dem Protestschreiben der amerikanischen Handelskammer).[7]

Was kann man dagegen tun? Soll man Gewerkschaftsagitatoren
in China einschleusen, damit sie den Widerstand organisieren? Soll
man Protestnoten nach Peking schicken? Der bekannte US-Ökonom James K. Galbraith, Sohn des noch berühmteren Ökonomen
John K. Galbraith und Spezialist für Arbeitsmarkt- und Vertei-
lungsfragen, schlägt eine bessere Lösung vor: Wir müssen zuerst
vor der eigenen Tür kehren. In einem Beitrag für *The American
Prospect* erinnert er seine Landsleute daran, auf welche Weise die
USA einst breiten Wohlstand geschaffen haben und wie dies die
skandinavischen Ländern heute noch tun: indem sie im eigenen
Land Standards durchsetzen und die Unternehmer zwingen, mit
guten Leistungen statt mit billigen Löhnen Märkte zu erobern.[8]
Diese Mahnung gilt übrigens auch für Deutschland. Die Deutschen
sind sozusagen die Chinesen Europas. Deutschland verdankt seine
steigenden Exportüberschüsse in erster Linie seinen im Vergleich
zu fast allen anderen Industriestaaten stark sinkenden Lohnkosten. Wenn es irgendwo »Lohndumping« gibt, dann müssten entsprechende Klagen vor allem an Berlin gerichtet werden.

Das bedeutet allerdings nicht, dass alle Probleme hausgemacht
sind und dass von der Globalisierung gar keine Gefahr für die Arbeitsplätze ausgeht. Es gibt allerdings einen Aspekt der Globalisierung, der wirklich schädlich ist: die zunehmende Deregulierung
der Finanzmärkte seit Beginn der frühen 80er-Jahre und die damit
verbundenen Finanzkrisen. Diese Entwicklung, zusammen mit einer generellen Erhöhung der Realzinsen, hat dazu geführt, dass die
Unternehmen mit reinen Finanzinvestitionen mehr verdienen können als mit echten Sachinvestitionen.

Wozu das konkret geführt hat, zeigt der Wiener Ökonom Stephan Schulmeister in einer Studie auf.[9] Danach hat sich der reale

Kapitalstock in Deutschland zwischen 1961 und 1980 um das Sechs- bis Siebenfache erhöht, während sich die Börsenkapitalisierung nur wenig verändert hat. In den Jahren danach geschah genau das Gegenteil: Der Wert des Finanzkapitals blähte sich bis zum Höhepunkt des Börsenbooms um 2000 um das Zwölffache auf. Die echten Investitionen in Maschinen, Gebäude und Infrastruktur hingegen nahmen nur noch sehr langsam zu. Entsprechend wurden auch weniger neue Arbeitsplätze geschaffen. Das Hauptproblem sind somit die globalisierten Finanzmärkte. Sie könnten eine gesunde Dosis nationale Abschottung durchaus vertragen.

Die hier diskutierten Scheinlösungen sind deswegen eben nur scheinbar Lösungen, weil sie das Hauptproblem nicht angehen oder meist sogar noch verschärfen. Dieses Hauptproblem ist und bleibt das Überangebot an Arbeit und der damit verbundene Druck auf die Löhne. Unsere Fähigkeit, den Konsum immer weiter zu steigern, ist nun mal begrenzt – und damit auch die Möglichkeit, neue Jobs zu schaffen. Da helfen weder Lohnsubventionen noch Workfare: Die bezahlte Arbeit nimmt ab. Auf diese Tatsache muss sich die Wirtschaftspolitik einstellen. Dann wird auch die Globalisierung mehr Vorteile als Nachteile bringen. Solange dies jedoch nicht der Fall ist, könnten sich sogar protektionistische Maßnahmen als das kleinere Übel erweisen.

Kapitel 12

So könnte es gehen: Lösungen

In den 90er-Jahren kursierte in den USA ein politischer Witz, der sehr treffend das Dilemma der »Politik der Arbeit um jeden Preis« auf den Punkt bringt. Präsident Bill Clinton brüstet sich bei einer Wahlveranstaltung damit, dass er Millionen von neuen Jobs geschaffen hätte. Da meldet sich ein Wähler und sagt resigniert: »Sie haben Recht, Mr. Präsident, ich habe selbst drei davon.« Die Realität hat diesen Witz längst eingeholt. Das immer schnellere Rennen in der Arbeitswelt einer immer flacher strukturierten Welt führt in die Sackgasse, und zwar gleich dreifach: Es verursacht bei den einzelnen Menschen ein hohes Maß an psychischem Leid (Stress, Burnout, Depressionen), es hat volkswirtschaftlich gesehen immer höhere Kosten zur Folge, und politisch sind die Konsequenzen gleichzeitig absehbar und beängstigend. Die wachsende Wut des Mittelstandes auf die Globalisierung zeigt sich immer deutlicher. So hat eine breit angelegte Meinungsumfrage der Wochenzeitschrift *Die Zeit* im Sommer 2007 ergeben, dass eine beträchtliche Mehrheit, über 70 Prozent der Deutschen, sich mehr soziale Gerechtigkeit, mehr Macht der Gewerkschaften, mehr Staat bei der Kinderbetreuung und den öffentlichen Diensten und ein niedrigeres Rentenalter wünscht.[1] Überall in den westlichen Gesellschaften mehren sich die Alarmzeichen, die darauf hindeuten, dass ein Rückfall hin zu Protektionismus und Chauvinismus droht.

Das gleiche Experiment zu wiederholen und auf einen anderen Ausgang zu hoffen, ist bekanntlich die Definition von Wahnsinn.

Was den »Wohlstandskrieg« betrifft, gilt dies ebenfalls, und zwar in sehr hohem Maße. Im letzten Jahrhundert hat dieses politische Experiment zu wirtschaftlichen Depressionen und zwei Weltkriegen geführt. Ob die Menschheit dieses Experiment ein zweites Mal überleben würde, kann mit guten Gründen bezweifelt werden. Der »Wohlstandskrieg« ist deshalb mehr als nur Geschwätz, er ist ein sehr gefährliches Spiel mit dem Feuer.

Er bleibt auch deshalb eine Gefahr, weil die Alternativen so unattraktiv erscheinen. Wer auf den Krücken Kombilohn und Workfare die Vollbeschäftigung ins postindustrielle Zeitalter retten will, macht sich Illusionen. Wenn es nur darum geht, ob der Löwe die Antilope frisst oder der Löwe verhungert, dann ist jedem klar, dass dies höchstens eine kurzfristige Lösung sein kann. Der langfristige Sieger dieses globalen Standortmarathons steht fest: Es ist derjenige, der sich am wirkungsvollsten dopt, denn in einem Punkt haben die Vertreter der Wohlstandskriegs-These wohl Recht. Es wäre naiv zu glauben, dass sich nach Ende des Kalten Krieges demokratische Staaten fortan einen friedlichen Wettkampf auf der Basis der Marktwirtschaft und zum Wohle aller liefern werden. Sehr viel wahrscheinlicher wird ein ungebremster Standortwettbewerb letztlich nur dazu führen, dass mit allen Mitteln gekämpft wird. Deshalb sind Cyborgs in der Arbeitswelt und eine neue Oligarchie in der Gesellschaft mehr als Gruselmärchen für Erwachsene. Es sind ernst zu nehmende und mögliche Szenarien der Zukunft.

Das Grundübel der Arbeitswelt des einundzwanzigsten Jahrhunderts besteht in der immer größer werdenden Kluft von Kultur und wirtschaftlicher Realität. Wir müssen endlich eine grundlegende Tatsache zur Kenntnis nehmen: Stetig wachsende Produktivität, längere Arbeitszeiten und Vollbeschäftigung lassen sich nicht unter einen Hut bringen. Dieses Missverhältnis muss korrigiert werden, es braucht einen kulturellen Wandel. Die verheerenden Erfahrungen mit Schocktherapien in den Ländern des ehemaligen kommunistischen Ostens zeigen aber auch, dass dieser Wandel stufenweise erfolgen muss und keinesfalls erzwungen werden darf. Deshalb braucht es auch keinen »großen Plan«. Es gilt, was beispielsweise William Easterly, der Ökonomie an der New York University lehrt, im Zusammenhang mit der globalen Abschaffung von Armut zu Recht kritisiert, nämlich dass solche Vorhaben mehr Schaden als Nutzen anrichten. »Die großen Pläne sind für Politiker, Stars und Aktivisten attraktiv, die viel Staub aufwirbeln wollen. Dass die großen Pläne ganz oben geschmiedet werden, vollkommen losgelöst von der Wirklichkeit an der Basis, bleibt der westlichen Öffentlichkeit dabei verborgen«, schreibt er.[2] Easterly fordert deshalb zur Bekämpfung der Armut eine Politik der kleinen Schritte, die von pragmatischen Unternehmern und nicht von brillanten Technokraten umgesetzt wird.

Wer eine neue Arbeitskultur will, muss sich ebenfalls auf das beharrliche Bohren dicker Bretter einrichten. Er muss das herkömmliche Links-rechts-Schema verlassen. Gewerkschaften und Unternehmen liefern sich zwar harte Kämpfe, wenn es um die Verteilung des Wohlstands geht. Doch an der Illusion der Vollbeschäftigung halten beide fest. Das bedeutet nicht, dass der Verteilungskampf keine Rolle mehr spielen würde. Im Gegenteil, die neoliberale Reagan/Thatcher-Gegenreformation hat zu einer gewaltigen Umverteilung und dem Öffnen der Einkommensschere geführt. Diese Entwicklung muss wieder korrigiert werden – aber nicht, um die Idee der Vollbeschäftigung am Leben zu erhalten, sondern um einer neuen Arbeitskultur zum Durchbruch zu verhelfen.

Was heißt dies konkret? Grundsätzlich lässt sich die Lösung des Problems der Arbeitslosigkeit auf eine simple Formel bringen: Jeder soll nur so viel arbeiten und produzieren, wie er und seine Familie auch konsumieren. Die Betonung liegt auf dem Wörtchen »nur«. Da die Zukunft unsicher ist und es angesichts der hohen Produktivität immer schwieriger wird, all das zu konsumieren, was man in einer 40-Stunden-Woche herstellen kann, haben viele Leute die Tendenz, zu viel zu arbeiten. Bevor man Leute *in* Arbeit bringen kann, muss man andere *aus* der Arbeit bringen – zumindest zeit- oder teilweise. Der erste und wichtigste Schritt zur Bekämpfung der Arbeitslosigkeit besteht also darin, die »Arbeitswütigen« zu entwöhnen. Schauen wir uns nun die Vorschläge an, die langfristig umsetzbar und erfolgversprechend sind. Die Stichworte lauten: Arbeitszeitverkürzung, Mindestlohn, Sozialstaat und Grundeinkommen.

Lösungsvorschlag 1: Generelle Arbeitszeitverkürzung

Als Mitte der 60er-Jahre in Deutschland die 40-Stunden-Woche eingeführt wurde, brauchte ein durchschnittlicher Beschäftigter 100 Stunden, um Güter und Dienstleistungen im (heutigen) Wert von 1 000 Euro herzustellen. Dank des technologischen Fortschritts schafft er heute dasselbe in 30 Stunden. Dennoch redet man heute wieder von der 44- oder gar der 48-Stunden-Woche.

Generelle Arbeitszeitverkürzungen sind ein naheliegendes Mittel zum Abbau von Arbeitslosigkeit. das sich auch historisch gesehen sehr bewährt hat. Die Industrialisierung hatte anfänglich nicht zu mehr Wohlstand geführt, sondern im Gegenteil nur zu Massenarbeitslosigkeit und Elend. Das änderte sich erst, nachdem die Gewerkschaften eine Begrenzung und Verkürzung der Wochenarbeitszeiten, längere Ferien und ein generelles Pensionierungsalter erkämpft hatten. Dann kam der Bruch. So schreibt die Politikwissenschaftlerin Ingrid Kurz-Scherf: »Bis in die Mitte der 1980er-Jahre vollzog sich die Verringerung der Lebensarbeitszeit, die die Erwerbstätigen für ihre Erwerbstätigkeit durchschnittlich aufwenden, auf der Grundlage von gesetzlichen und tariflichen Arbeitszeitverkürzungen. (…) In den letzten Jahren geht die durchschnittlich geleistete Arbeitszeit vor allem deshalb zurück, weil nur noch die geringfügige, befristete und diskontinuierliche Beschäftigung ausgeweitet wird.«[3]

Heute sind generelle Arbeitszeitverkürzungen verpönt. Von der 35-Stunden-Woche in Frankreich etwa »weiß« man, dass sie jämmerlich Schiffbruch erlitten hat, weil sie das Wirtschaftswachstum gebremst, die Beschäftigung gesenkt und die Arbeitslosigkeit erhöht hat. Diese Wahrnehmung des französischen Modells stimmt allerdings mit den Fakten nicht überein. Unter Premierminister Lionel Jospin, der von 1997 bis 2002 eine konsequente Politik der Arbeitsumverteilung betrieben und die 35-Stunden-Woche eingeführt hat, ist die Arbeitslosenquote von 12,3 auf 9 Prozent gesunken. Die Zahl aller geleisteten Arbeitsstunden hat sich entgegen dem langfristigen Abwärtstrend leicht um knapp 3 Prozent erhöht und die reale Kaufkraft der Arbeitnehmer ist im Jahresmittel um 1,5 Prozent gestiegen, obwohl die durchschnittliche jährliche Arbeitszeit pro Beschäftigtem (wegen der 35-Stunden-Woche) 7 Prozent abgenommen hat. Zudem hat sich die Lohnquote unter der Regierung Jospin (wiederum entgegen dem langfristigen Abwärtstrend) leicht um 1 Prozent erhöht. Trotz der Erfolge auf diesem Gebiet haben Lionel Jospin und seine Partei 2002 die Wahlen verloren. Die neue bürgerliche Regierung hielt dem Druck der Arbeitgeber nicht stand und hat das Gesetz über die 35-Stunden-Woche nach und nach aufgeweicht.

Aus neoliberaler Sicht wendet man gegen generelle Arbeitszeitverkürzungen genau das ein – dass sie generell sind, also vom Staat verordnet oder von den Tarifpartnern flächendeckend ausgehandelt werden. Wie soll der Staat oder wie sollen die Tarifpartner wissen, was für den einzelnen Betrieb oder für den einzelnen Arbeitnehmer gut ist? Warum soll nicht jeder individuell die richtige Balance zwischen Arbeitslast und Konsumlust finden? Wenn man nur Angebot und Nachfrage spielen lässt, so argumentieren die Neoliberalen, pendelt sich das Gleichgewicht schon ein, ohne dass der Gesetzgeber eingreifen muss.

Doch diese Theorie verkennt die Realität. Der einzelne Arbeitnehmer kann gar nicht frei entscheiden, ob er ein paar Stunden mehr oder weniger arbeiten will. Faktisch hat er nur die Wahl zwischen vollem Einsatz und Arbeitslosigkeit, also zwischen Karriere und beruflichem Abstieg. Und der materielle Anreiz zum vollen

Einsatz hat sich in den letzten Jahrzehnten deutlich verstärkt. In den USA ist der Anteil aller hoch qualifizierten Männer, die pro Woche mehr als 50 Stunden arbeiten, zwischen 1988 und 2001 von 18 auf 30 Prozent gestiegen. Der Grund: Der finanzielle Anreiz zur Mehrarbeit hat sich stark erhöht. Heute liegt der Stundenlohn der Vielarbeiter im Schnitt um 24,5 Prozent über dem der »Drückeberger«. Vor 20 Jahren betrug der Unterschied nur 10 Prozent.

In der Spieltheorie nennt man das ein »Gefangenen-Dilemma«. Weil jeder nur seinen eigenen Vorteil sucht, sind am Schluss alle schlecht dran. Der eine ist arm und arbeitslos. Der andere scheidet fünf Jahre später, überarbeitet, krank und ausgebrannt, ebenfalls aus dem Rennen aus. Aus solchen Gefangenen-Dilemmata gibt es einen einfachen Ausweg – man muss sich einfach gegenseitig absprechen. Wenn individuelle Arbeitszeitverkürzungen nicht mehr möglich sind, dann braucht es eben kollektive.

Bis zum Beginn der 80er-Jahre sind die offiziellen Arbeitszeitverkürzungen in etwa parallel zum natürlichen Rückgang der Arbeitszeit pro Kopf gelaufen. Deshalb blieb die Arbeitslosigkeit gering und war im Wesentlichen ein zyklisches Phänomen. Heute sind gesetzliche Arbeitszeitverkürzungen kein Thema mehr, aber der Trend zur effektiven Arbeitszeitverkürzung geht weiter. Wir sind faktisch bereits in der Nähe der 25-Stunden-Woche oder auch einer 28-Stunden-Woche kombiniert mit dem Rentenalter 60 angelangt. Die wachsende Kluft zwischen der effektiven und der von Gesetz- und Arbeitgebern angestrebten Arbeitszeit hat sich längst in Stress, Unsicherheit und sozialen Ausschluss verwandelt. Die Frage ist nicht, *ob* wir die 25-Stunden-Woche wollen, sondern *wie* wir sie wollen.

Lösungsvorschlag 2: Der Mindestlohn

Fast alle großen Industrieländer kennen einen gesetzlichen Mindestlohn. In Großbritannien etwa liegt er bei umgerechnet 7,96, in

Holland bei 8,13 und in Frankreich bei 8,44 Euro. In der Regel wird der Mindestlohn jährlich oder mindestens periodisch der Teuerung angepasst. In Frankreich etwa haben die SMIC-Empfänger (salaire minimum interprofessionnel de croissance) Mitte 2007 eine Lohnerhöhung von 2,1 Prozent erhalten. Ganz anders in Deutschland. Hier ist man von einem allgemeinen Mindestlohn noch weit entfernt und selbst die Diskussionen darüber verlaufen äußerst zäh. Der Deutsche Gewerkschaftsbund verlangt ein Minimum von 7,50 Euro – was deutlich unter dem Niveau von Frankreich liegt. Doch selbst diese bescheidene Forderung stößt auf harten Widerstand. So fordert etwa der »Wirtschaftsweise« Bert Rürup »einen allgemeinen Mindestlohn, der niedrig genug ist, um nicht Arbeitsplätze in großer Zahl zu gefährden«.[4] Konkret nennt er die Zahl von 4,50 Euro, was die *Financial Times Deutschland* als »einzigen vernünftigen Vorschlag« bezeichnet. Gegenfrage: Wie viel Arbeit braucht ein Land, dessen Bewohner sich mit einer Kaufkraft von rund 750 Euro monatlich zufrieden geben müssen? Ein Auto liegt da schon mal nicht drin, und den Besuch im Restaurant kann man sich auch abschminken.

Immerhin gibt es an einzelnen Fronten Bewegung: Für Briefdienstleistungen etwa wurde erst im Dezember 2007 ein Mindestlohn vereinbart, der zwischen 8 und 9,80 Euro liegt. Fast die gesamte deutsche Presse ist sich einig, dass sich dieser Regierungsbeschluss als schwerer Fehler erweisen und zehntausende von Jobs kosten wird. Doch wie auch? Es ist kaum vorstellbar, dass Briefe und Pakete nicht mehr verschickt werden, nur weil diese Dienstleistung ein halbes Prozent teurer wird.

Gegen einen Mindestlohn wird üblicherweise eingewendet, dass dadurch Arbeitsplätze zerstört werden. Und die ebenso übliche Begründung ist die: Wenn der Friseurmeister Müller seinen Angestellten statt wie bisher 4,50 nun 7,50 Euro bezahlen und in der Folge entsprechende höhere Preise verlangen muss, laufen ihm die Kunden davon und er muss seinen Betrieb schließen. Das ist wahrscheinlich richtig, wenn wir in diesem Beispiel stillschweigend davon ausgehen, dass nur Müller höhere Löhne zahlen muss. Bei einem gesetzlichen Mindestlohn gehen wir aber davon aus, dass alle Unternehmen höhere Löhne bezahlen müssen.

Und damit sieht die Sache natürlich ganz anders aus. Die Kunden laufen nicht mehr zur Konkurrenz, weil diese die Preise ebenfalls erhöhen muss. Vielleicht schneiden sich wegen der höheren Preise ein paar Kunden künftig die Haare selbst. Das vernichtet Jobs. Auf der anderen Seite haben dank des Mindestlohns viele Leute mehr Geld, um es zu konsumieren. Das schafft Jobs.

Welcher der beiden Effekte überwiegt, ist im Einzelfall schwer abzuschätzen. Die meist aus den USA stammenden Studien zu diesem Thema sind widersprüchlich, tendieren aber eher zu der These, dass Mindestlöhne die Beschäftigung von weniger qualifizierten Arbeitnehmern erschweren. Doch heißt das wirklich, dass durch niedrige Löhne oder eine hohe Lohnspreizung die Beschäftigung erhöht oder die Arbeitslosigkeit vermindert wird?

Gegen diese These spricht ein anderes Ergebnis der Arbeitsmarktforschung, das zudem den Vorteil hat, kaum umstritten zu sein. Danach schneiden Länder mit stark zentralisierten Lohnverhandlungen und entsprechend starken Tarifpartnern in punkto Beschäftigung und Arbeitslosigkeit überdurchschnittlich gut ab. Zentralisierte Lohnverhandlungen führen in der Regel dazu, dass sich die Löhne in etwa gleich schnell erhöhen wie die Produktivität. Das schafft die Voraussetzung dafür, dass die hergestellten Produkte auch gekauft werden können. Außerdem bewirken zentralisierte Verhandlungen meist relativ geringe Lohnunterschiede. Könnte das der Grund für eine niedrige Arbeitslosigkeit sein?

Der US-Ökonom James K. Galbraith vertritt genau diese These. Hohe Lohnunterschiede sind der Hauptgrund für die Arbeitslosigkeit. Die Begründung: Je höher die Lohnunterschiede sind, desto mehr Anreiz haben die schlecht Bezahlten, dorthin zu ziehen, wo die Löhne höher sind, selbst auf die Gefahr hin, monate- oder jahrelang auf einen Job warten zu müssen. Ein historisches Beispiel für diese These liefert die Massenarbeitslosigkeit in der Frühindustrialisierung, als eine arme Landbevölkerung in die Industriezentren strömte.

Galbraith hat seine These vom Zusammenhang zwischen Lohnungleichheit und Arbeitslosigkeit aber vor allem auch empirisch untermauert. Die Ergebnis seiner Auswertungen von Lohndaten aus 50 US-Staaten und 215 europäischen Regionen fasst er wie folgt zusammen: »In allen untersuchten Regionen und Ländern zeigt sich derselbe Zusammenhang: Je gleicher die Verteilung der Lohneinkommen, desto geringer fällt die Arbeitslosigkeit aus. Dies ist keine Anomalie, sondern entspricht elementarer ökonomischer Logik.«[5] Doch warum haben die USA trotz höherer Ungleichheit die niedrigere Arbeitslosenquote, verglichen mit den meisten EU-Staaten? Weil, so Galbraith, die Einkommensunterschiede in den USA vor allem durch die Kapitaleinkommen bedingt sind. Die Lohneinkommen sind in den USA keineswegs ungleicher verteilt als innerhalb der einzelnen EU-Länder. In der EU als Ganzes betrachtet sind die Lohnunterschiede sogar deutlich höher.

Bezogen auf die Frage nach dem Mindestlohn kann man diese Erkenntnisse wie folgt interpretieren: Wenn ein Mindestlohn dazu beiträgt, hohe Einkommensunterschiede auf ein vernünftiges Maß zu reduzieren, nutzt er auch den Arbeitslosen. In Deutschland dürfte dies der Fall sein. Der durchschnittlich bezahlte Lohn lag 2006 bei 20 Euro pro Stunde. Dass in Anbetracht dieser Größenordnungen über einen Mindestlohn von nur 7,50 Euro diskutiert wird, illustriert, wie sehr sich die Löhne in diesem Land auseinanderentwickelt haben. Ein bundesweiter Mindestlohn wäre unter diesen Umständen zumindest das kleinere Übel.

Noch besser wären wohl starke Gewerkschaften, die Lohnerhöhungen durchsetzen können, welche der hohen Produktivität Deutschlands entsprechen. In der Vergangenheit war dies nicht der Fall. Seit 1991 hinken die Löhne pro Arbeitsstunde um gut 20 Prozent hinter der Produktivität her. Frage: Würde in Deutschland heute mehr gearbeitet, wenn die Löhne und damit der Konsum um 20 Prozent höher lägen?

Lösungsvorschlag 3: Ein gut ausgebauter Sozialstaat

Die neoliberalen Ökonomen erklären das Übel der Arbeitslosigkeit und die notwendige Therapie so: Der Sozialstaat und insbesondere eine zu komfortabel ausgebaute Arbeitslosenversicherung hindern die Löhne daran, auf ein »markträumendes« Niveau (eine Lohnhöhe, bei der jeder Arbeitssuchende einen Arbeitgeber findet) zu sinken. Folglich gilt es, diese Behinderung mit einer Flexibilisierung der Arbeitsmärkte zu beseitigen. In der Logik des reinen Marktes ist das ein gutes Argument. Der Sozialstaat ist im Modell des reinen Marktes erst gar nicht vorgesehen und nur im reinen Modell gibt es keine Arbeitslosigkeit.

Doch man muss eben das *ganze* Modell sehen und nicht nur *Teile* davon. Die neoliberalen Ökonomen betrachten bloß die Nutzenmaximierung der Arbeitgeber. Sie würden bei einem tieferen Lohn mehr Leute einstellen. Im vollständigen Modell des vollkommenen Marktes optimiert aber nicht nur der Arbeitgeber seinen Nutzen, der Arbeitnehmer darf das auch. Erst dadurch kommt ein Gleichgewicht zustande. Ins Modell übersetzt heißt das, dass die Arbeitnehmer umso weniger Arbeit anbieten, je tiefer die Löhne sinken und je höher die Produktivität steigt. Genau diese zentrale Voraussetzung ist aber in der Praxis nicht mehr gegeben. Die Arbeitnehmer müssen heute froh sein, wenn sie überhaupt noch eine Arbeit haben. Sie bieten – entgegen dem Lehrbuch – umso mehr Arbeit an, je tiefer der Lohn sinkt.

Wir haben also zwei Verstöße gegen die Bedingungen und Prophezeiungen des reinen Modells – die Existenz eines Sozialstaates und langfristig sinkende Löhne. Welcher davon ist nun von größerer praktischer Bedeutung? Um diese Frage zu beantworten muss man sich daran erinnern, dass neben dem reinen Modell auch die jahrzehntelange Praxis besagt, dass die Löhne mit steigender Produktivität steigen. Sinkende Löhne sind eigentlich nicht oder nur in Ausnahmefällen vorgesehen. Deshalb darf man vermuten, dass ein Sozialstaat, der den Arbeitnehmern die Möglichkeit gibt, zu niedrige Löhne abzulehnen, das Funktionieren des Marktes nicht besonders stark behindert.

Ganz im Gegenteil: Ein starker Sozialstaat ist eine wichtige Voraussetzung dafür, dass sich die Arbeitnehmer so verhalten können, wie es das Drehbuch der reinen Marktwirtschaft vorsieht. Sie müssen auch mal Nein sagen können, wenn ihnen ein zu niedriger Lohn angeboten wird. Im Modell wird diese Bedingung dadurch erfüllt, dass die Arbeitnehmer über genügend finanzielle Reserven verfügen. In der Praxis braucht es dazu den Sozialstaat. Die Dogmatiker der Marktwirtschaft sehen das anders. Für sie ist jede noch so geringe Abweichung vom Modell des vollkommenen Marktes eine verdammenswerte Sünde. Sie streiten deshalb ab, dass die real existierende Marktwirtschaft in ihrer Unvollkommenheit die Krücke des Sozialstaates dringend braucht, um den Markt funktionstüchtig zu halten.

Gerade dies ist aber die Lehre aus dem Erfolg des »skandinavischen Modells«. Schweden, Dänemark, Finnland und Norwegen sind international sehr wettbewerbsfähig, gerade weil sie einen funktionierenden Sozialstaat haben. Umgekehrt baut Deutschland den Sozialstaat ab und erschwert es damit seinen Arbeitnehmern, sich marktkonform zu verhalten. Das Ergebnis liegt auf der Hand. Der Arbeitsmarkt ist auf dem besten Weg, durch eine staatliche Zwangsbewirtschaftung abgelöst zu werden. Ausgerechnet die Marktideologen machen den Markt kaputt.

Lösungsvorschlag 4: Das Grundeinkommen

Staatliche Vorschriften wie Mindestlöhne oder gesetzliche Begrenzungen der Arbeitszeiten haben auch Nachteile. Sie scheren alles über einen Kamm und nehmen keine Rücksicht auf die Wechselfälle des Lebens und die unterschiedlichen Bedürfnisse der Arbeitnehmer und Arbeitgeber. Es ist zum Beispiel kaum sinnvoll, einen Herzchirurgen mühsam auszubilden und ihn dann nur 20 Stunden

pro Woche arbeiten zu lassen. Wie kann man teure Büroarbeits-
plätze auslasten, wenn jeder nur noch wenige Stunden zur Arbeit
erscheint? Habe ich wirklich Lust, 48 Wochen lang je 25 Stunden
zu arbeiten? Wäre es nicht schöner, mal ein halbes Jahr auszuspan-
nen, um dann wieder voll arbeiten zu können? Oder zwei Jahre
lang wieder die Schulbank zu drücken, um einen neuen Beruf zu
lernen? Welches Modell schwebt Ihnen persönlich vor?

Wir müssen also nach anderen Lösungen suchen, um uns aus
dem Gefangenen-Dilemma des Arbeitmarktes zu befreien. Eine
solche Lösung könnte ein bedingungsloses Grundeinkommen sein.
Die entscheidende Voraussetzung dafür ist die, dass die staatliche
Zuwendung anders als etwa ein Arbeitslosengeld nicht an die Arbeit geknüpft ist. Der Zwang, eine Arbeit um jeden Preis anzunehmen, wird dadurch gemindert. Das könnte den Arbeitsmarkt ent-
lasten und den Übergang zu einer neuen Arbeitskultur erleichtern.
Ein willkommener Nebeneffekt ist der Wegfall der bürokratischen
Kontrollen. Die Gefahr eines bedingungslosen Grundeinkommens
besteht im möglichen Missbrauch und darin, dass die Gesellschaft
erst recht zweigeteilt wird: hier die fleißigen Arbeiter, dort die faulen Grundeinkommensempfänger.

Der Teufel steckt natürlich auch hier im Detail. Ob ein Bürgergeld die gesteckten Ziele erreicht, hängt entscheidend davon ab,
wie es gestaltet ist und wie es finanziert wird. Doch befassen wir
uns zunächst einmal mit den positiven Seiten des Modells, so wie
sie von seinen wichtigsten Befürwortern dargestellt werden.

Für Professor Thomas Straubhaar, Leiter des Hamburgischen
WeltWirtschaftsInstituts (HWWI), ist das Grundeinkommen nicht
zuletzt deshalb wichtig, weil es dem Arbeitsmarkt erlaubt, wie ein
richtiger Markt zu funktionieren. In einem Interview mit der
Zeitschrift *a tempo* sagt er: »Deshalb sehe ich keine andere Möglichkeit als eine Ursachentherapie, einen Systemwechsel, in dem
die marktwirtschaftlichen Prinzipien realisiert werden und ein
Grundeinkommen als soziale Komponente eingeführt würde. Wir
müssen unterscheiden zwischen dem Arbeitsmarkt, auf dem sich

der Lohn entsprechend dem Spiel von Angebot und Nachfrage bildet, und der Sozialpolitik, die sich dazu bekennt, dass alle in die Lage versetzt werden sollen, ein Leben in Würde zu führen. Ein Grundeinkommen von vielleicht 700 Euro pro Monat würde jedem Erwachsenen, jedem Kind zustehen, aber damit würden andere Zahlungen wie Arbeitslosengeld, Kindergeld, Wohngeld usw. entfallen. Letztlich sollten nicht unbedingt mehr Ausgaben entstehen, zumal der hohe bürokratische Überprüfungsaufwand entfallen würde.«[6]

Der Unternehmer Götz Werner will mit einem bedingungslosen Grundeinkommen nicht nur den Arbeitsmarkt, sondern die ganze Gesellschaft wieder ins Lot bringen: »Der Kapitalismus ist mitnichten eine beschäftigungstherapeutische Veranstaltung«, sagt er in seinem Buch *Einkommen für alle*.[7] Werner ist der bekannteste Verfechter dieser Idee im deutschsprachigen Raum. Der Gründer und geschäftsführende Gesellschafter der »dm«-Drogeriemärkte mit rund 23 000 Mitabeitern gehört laut *manager-magazin* zu den 100 reichsten Deutschen.[8] Werner ist zudem Professor an der Universität in Karlsruhe. Parteipolitisch lässt er sich nicht einordnen, bekennt sich aber zu den Ansichten des Anthroposophen Rudolf Steiner. Generell sieht er im Grundeinkommen die Möglichkeit, »unser sozialistisches Herz mit dem neoliberalen Verstand« zu versöhnen.[9]

Das bedingungslose Grundeinkommen im Sinne von Werner steht auf drei Säulen. Erstens: Wir leben in einer Gesellschaft der totalen Fremdversorgung, haben aber noch die Arbeitsmoral von Selbstversorgern. Zweitens: Arbeit ist nicht gleich Arbeit, es besteht ein Unterschied zwischen Routine und kultureller Arbeit. Drittens: Ein Grundeinkommen ist finanzierbar, wenn wir das Steuersystem radikal auf die Mehrwertsteuer umstellen.

Zum ersten Punkt: Die Arbeitsmoral, wonach nur essen darf, wer auch arbeitet, geht an der Realität des einundzwanzigsten Jahrhunderts vorbei. Sie stammt aus einer Zeit, in der das Prinzip der Selbstversorgung vorherrschte. In der postindustriellen Gesellschaft mit ihrer hoch entwickelten Arbeitsteilung ist jeder Mensch auf andere Menschen angewiesen. Die Erwerbsarbeit dominiert, dennoch arbeitet nur ein Drittel der Menschen im Sinne von Erwerbsarbeit. »Solange wir jedoch den Arbeitsbegriff in unseren Köpfen auf den einer bezahlten, weisungsgebundenen, sozialversicherungspflichtigen Vollzeitarbeit beschränken, werfen wir zwei von drei Bürgern aus unserer volkswirtschaftlichen Gesamtbetrachtung menschlicher Arbeit heraus«, stellt Werner fest.[10]

Die stetig wachsende Produktivität der Wirtschaft macht dieses Missverhältnis noch schlimmer. Sie führt einerseits dazu, dass immer mehr Menschen aus dem Arbeitsprozess verdrängt werden und Massenarbeitslosigkeit wieder eine Realität geworden ist. Andererseits jedoch hat sich das Umfeld radikal verändert. Wir leben nicht mehr in einer Welt des Mangels, sondern in einer Welt des Überflusses. »Die heutigen Westeuropäer, Nordamerikaner und Japaner bilden im Grunde genommen die erste Generation in der Geschichte der Menschheit, die eine völlig neue Situation erlebt: Was immer an Gütern gegenwärtig hergestellt werden kann, das wird auch hergestellt.«[11]

In einer Welt des Überflusses und der Massenarbeitslosigkeit hat die Arbeitsmoral einer Gesellschaft von Selbstversorgern nicht nur ausgedient, sie wird zum Störfaktor. Arbeit und Einkommen müssen voneinander getrennt werden. Dafür, so Werner, müsse ein bedingungsloses Grundeinkommen sorgen. Zudem werde so verhindert, dass immer größere Teile der Menschheit von der Gesellschaft ausgeschlossen werden.

Zum zweiten Punkt: Nach wie vor gilt nur bezahlte Arbeit als »richtige« Arbeit. Erziehung, Pflege, soziales Engagement, Kultur- und Jugendarbeit werden meist nicht dazugezählt. »In all diesen Bereichen werden immense und völlig unverzichtbare Beiträge zum Funktionieren und Gedeihen unserer Gesellschaft geleistet«, schreibt Werner.[12] Das bedingungslose Grundeinkommen stellt diese Verhältnisse vom Kopf auf die Füße. Anders als heute wird die unattraktive Routinearbeit im Endeffekt verteuert. Wer wird schon

auf dem Bau schuften oder in Kühlhäusern Kuh- und Schweinehälf-
ten herumschleppen, wenn es sich nicht lohnt? Niemand will solche Arbeiten mehr machen und dank des Grundeinkommens muss
sie auch niemand machen. Damit wird die aktuelle Entwicklung
umgekehrt. Routinearbeit wird nicht prekär und muss vom Staat
nicht mit Lohnzuschüssen subventioniert werden. Sie wird zum
Mangel und deshalb gemäß der Logik von Angebot und Nachfrage teuer. Damit wird gleichzeitig ein Anreiz geschaffen, diese
Arbeit durch Maschinen zu ersetzen. Gerade im Bereich der Routinearbeit wird deshalb das Wachstum der Produktivität beschleunigt. Damit entfallen auch die unwürdigen Zustände, Menschen
zur Erwerbsarbeit zu zwingen, nur damit sie beschäftigt sind.

Genau das Gegenteil geschieht mit der kulturellen Arbeit. In
diesem Bereich sind Produktivitätszuwächse kaum möglich. Doch
dank des Grundeinkommens wird kulturelle Arbeit im Verhältnis
nicht teurer, sondern billiger. So können beispielsweise Kranke
besser gepflegt und Kinder besser ausgebildet werden. »Weil menschliche Arbeit endlich wieder erschwinglich würde, könnte die viel
beschworene Dienstleistungsgesellschaft endlich kommen!«, schreibt
Werner. »Alle sozialen Berufe würden sehr bald einen Boom erleben, und die Entlastung bei personalintensiven Aufgaben wäre
dramatisch.« [13]

Das bedingungslose Grundeinkommen hat deshalb nicht zum
Ziel, die Arbeit abzuschaffen und uns in Bier trinkende, TV-glot-
zende Nichtsnutze zu verwandeln. »Das Grundeinkommen will
vielmehr den Zwang, einer schlecht bezahlten und zudem unbe-
friedigenden Arbeit nachzugehen, beseitigen und damit den Menschen die Möglichkeit einräumen, bei Sicherung ihrer existenziellen
Grundbedürfnisse einer sinnvollen Arbeit nachzugehen«, schreibt
Werner. [14]

Zum dritten Punkt: Ein radikaler Umbau des Steuersystems soll
auch die Finanzierung eines bedingungslosen Grundeinkommens
ermöglichen, ohne dass dabei die internationale Wettbewerbsfähigkeit leidet. Es gibt nur noch die Mehrwertsteuer. Wenn nicht

mehr Kapital und Arbeit, sondern der Konsum vom Fiskus belastet wird – so die Argumentation –, dann erledigt sich Sozialdumping als Standortvorteil von selbst. Deshalb ist gerade in einer globalisierten Welt die Mehrwertsteuer zu einer eigentlichen Wunderwaffe geworden. »Mit dem Grundeinkommen lassen wir die Menschen in Ruhe arbeiten, nämlich frei von Existenzangst. Mit der Konsumbesteuerung lassen wir das Kapital in Ruhe arbeiten, nämlich frei von Zugriffen, bevor die Wertschöpfung in konsumfähige Leistungen für die Gesellschaft zu Ende gekommen ist«, argumentiert Werner.[15]

Dieter Althaus, der Ministerpräsident von Thüringen, ist auch für ein bedingungsloses Bürgergeld. Doch er stellt sich die Wirkung dieses Instruments ganz anders vor. Während Werner hofft, dass ein Grundeinkommen die Löhne für langweilige und mühsame Arbeit wegen der fehlenden Nachfrage nach solchen Jobs steigen lässt, geht Althaus im Gegenteil davon aus, dass die Löhne für solche Arbeiten sinken werden – weil die Geringverdiener neben dem kargen Lohn ja noch auf ein Grundeinkommen zurückgreifen können.

Welche dieser beiden Möglichkeiten sich in der Realität durchsetzen wird – das Grundeinkommen als Einstieg in eine neue Arbeitskultur oder als Fortsetzung der »Reise nach Jerusalem« und des Standortwettbewerbs mit anderen Mitteln – lässt sich nicht mit Sicherheit abschätzen. Letztlich hängt es davon ab, was die Menschen daraus machen. Aus Umfragen weiß man, dass in Europa rund ein Drittel der Beschäftigten von einem Leben ohne Arbeit träumt und sicher wird es darunter auch Menschen geben, die sich ein möglichst faules Leben vorstellen. »Interessant ist aber, dass das rund zwei Drittel offenkundig nicht tun würden«, kommentiert der Arbeitspsychologe Theo Wehner. »Man hat wiederholt Beschäftigte dazu befragt, was sie bei einem Sechser im Lotto oder bei einem großen Erbe machen würden – aufhören oder mit der Arbeit weitermachen. In der Tat würden zwei Drittel der Befragten weiterarbeiten, aber unter veränderten Bedingungen. (...) In den

1980er-Jahren stand der Wunsch im Vordergrund, in anderen Bereichen etwas Neues lernen zu können. In den 1990er-Jahren wünschte man sich primär weniger Zeitdruck. Heute will man relativ banal einfach mehr Freizeit beziehungsweise ›Zeitsouveränität‹.«[16]

Das Wirtschaftsmagazin *brand eins* hat in seiner Ausgabe vom Januar 2006 Leser befragt, wie sich ihr Leben mit einem Grundeinkommen von 800 Euro verändern würde. Hier ein paar Eindrücke:

Beispiel Klaus S., 40, Mathematiker, er arbeitet seit sechs Jahren als Software-Entwickler in einer Telekommunikationsfirma. »Ich finde, dass ich oft nicht mit genügend Respekt behandelt werde von den Leuten, die mir Weisungen geben. Ich habe immer wieder das Gefühl, dass ich wie auf einem Schachbrett hin- und hergeschoben werde von einer Aufgabe zur andern.«

Ein Grundeinkommen von 800 Euro würde ihn nicht in eine andere Welt katapultieren. Er verdient brutto das Vierfache. Aber es würde ihm verschaffen, was ihm am allermeisten fehlt: Luft. »Ich würde versuchen, mit meinem Arbeitgeber über ein Modell mit 20 Wochenstunden zu verhandeln. Das geht heute finanziell nicht.« Klaus will nicht weniger arbeiten, sondern nur etwas anderes. »Ich würde gerne wieder mathematisch forschen«, sagt er.

Beispiel Nadja Benz, 37, seit zweieinhalb Jahren erwerbsunfähig. »Bei der Vorstellung Grundeinkommen ohne bürokratische Hürden bekomme ich natürlich leuchtende Augen. Mit jedem Gang zum Amt, den man machen muss, wenn man nochmals und nochmals hinzitiert wird, weil einem Sachbearbeiter noch etwas eingefallen ist, muss man um seine Würde kämpfen. Man ist dauernd im Rechtfertigungsdruck, weil irgendjemand meint: Jetzt zeigen Sie uns mal Ihre Kontoauszüge und bringen uns diese Kopie und jene Bescheinigung noch einmal vorbei.«

Beide Beispiele deuten darauf hin, dass durch ein Grundeinkommen die bezahlte Arbeit abnimmt (im Fall von Nadja Benz die der staatlichen Sozialbürokraten und Kontrolleure) und dass mehr freiwillige Kulturarbeit geleistet wird – ganz im Sinne von Götz Werner. Doch da das Grundeinkommen letztlich nur aus dem Produkt der bezahlten Arbeit finanziert werden kann, stellt sich erst recht die Frage der Finanzierung.

Auch in diesem Punkt unterscheiden sich Werner und Althaus diametral. Werner setzt voll auf eine Finanzierung durch die Mehrwertsteuer. Diese Idee liegt im Trend: Das skandinavische Modell zeigt, dass man die erwähnte internationale Wettbewerbsfähigkeit erhalten und gleichzeitig einen Sozialstaat finanzieren kann, nämlich mit der richtigen Mischung. Diese setzt sich wie folgt zusammen: hohe Mehrwertsteuer, progressive Einkommenssteuer und einheitliche, tiefe Unternehmenssteuer. »Selbst viele, die von Konsumsteuern oder Grundeinkommen überhaupt nichts halten, sagen uns seit Jahren, dass wir die Sozialsysteme grundsätzlich von einer Abgaben-, auf eine Steuerfinanzierung umstellen müssen«, schreibt Götz Werner.[17]

Fragt sich bloß, welche Steuer. Heiner Flassbeck, Chefvolkswirt bei der UNCTAD (United Nations Conference on Trade and Development), hat uns vorgerechnet, dass die Finanzierung eines Grundeinkommens von 1 000 Euro allein über die Mehrwertsteuer zu einer Erhöhung des Steuersatzes um 70 Prozentpunkte führen würde. (Bei 700 Euro wären es immer noch rund 50 Prozentpunkte). Das, so Flassbeck, würde nicht nur die Armen überproportional belasten, sondern auch zu Konflikten mit den internationalen Handelspartnern führen, die sich eine solche indirekte Subvention der deutschen Exporte (die bekanntlich von der Mehrwertsteuer befreit sind) nicht gefallen lassen würden.[18]

Althaus möchte sein Grundeinkommen als eine negative Einkommenssteuer gestalten. Das hätte den unbestreitbaren Vorteil, dass viel weniger Geld umgeschichtet werden muss. Wer einen anständig bezahlten Job hat, zahlt sich sein Grundeinkommen über die Steuer gleichsam selbst. Mit 65 erhält man statt einer Rente ein doppeltes Grundeinkommen von 1 600 Euro.

Schließlich ist da noch das Problem des Übergangs. Ein Grundeinkommen ersetzt notwendigerweise andere Sozialleistungen wie vor allem die Arbeitslosenversicherung und die Sozialhilfe. Alles gleichzeitig geht nicht. Das bedeutet, dass es bei einer solchen Umstellung Sieger und Verlierer und vor allem sehr viele Verunsicherte geben wird. Verunsicherung ist aber Gift für die Konjunktur und damit auch für die Beschäftigung.

Es gibt Einwände gegen das bedingungslose Grundeinkommen, die ernst genommen werden müssen. Deshalb haben wir sie ausführlich gewürdigt. Trotzdem halten wir das Grundeinkommen für das vielversprechendste Zukunftsmodell. Keinesfalls aber sollte es schockartig eingeführt werden. Wir brauchen keine Revolution, sondern müssen langsam an den vertrauten Schrauben weiter drehen: Arbeitszeitverkürzung, Lohnerhöhungen, längere Bezugsdauer beim Arbeitslosengeld. Das dänische Modell der sogenannten Flexicurity könnte dabei als Vorbild dienen. Es ist deswegen so erfolgreich, weil es den Dänen (als Folge eines gelockerten Kündigungsschutzes) zwar nicht den Job, aber (als Folge einer erhöhten sozialen Absicherung im Kündigungsfall) ein einigermaßen sicheres Einkommen garantiert, genau wie dies auch ein Grundeinkommen anstrebt. Und wahrscheinlich ist Deutschlands Wirtschaft vor allem deswegen so weit heruntergekommen, weil die Arbeitnehmer durch die ständigen Reformen vollends verunsichert und entmachtet worden sind.

Eine erfolgversprechende Reformagenda sieht also wie folgt aus: Zunächst einmal muss man mit kleinen Reformen das politisch Machbare anpacken. Dazu gehören in erster Linie Existenz sichernde Mindestlöhne. Arbeiten, für die niemand einen anständigen Lohn bezahlen will, sind es nicht wert, gemacht zu werden. Anstand kommt vor dem Markt. Zweitens braucht es eine Tarifpolitik, die sich an der steigenden Produktivität (und dem enormen Nachholbedarf) orientiert. Punkt 3 auf der Reformliste ist ein Rückbau des Sozialstaats im Sinne des skandinavischen Modells. Viertens sind bessere Teilzeitmodelle gefragt, die einen vorübergehenden oder teilweisen Ausstieg aus dem Erwerbsleben erleichtern.

Darüber hinaus wird man fünftens um generelle Arbeitszeiten nicht herumkommen, gekoppelt mit einem gesellschaftlichen Dialog darüber, wie man die Früchte des Produktivitätsfortschrittes nutzen soll – mehr Freizeit oder noch mehr Konsum.

Und wie steht es mit dem bedingungslosen Grundeinkommen? Damit könnte man all die erwähnen Reformschritte in eine einzige große Reform verpacken. Doch ein bedingungsloses Grundeinkommen ist ein gewagtes Experiment. Es könnte dazu führen, dass die Sozialsysteme erst recht abgebaut werden. Es könnte dazu führen, dass diejenigen, die man auf dem Arbeitsmarkt nicht mehr braucht, erst recht an den Rand gedrängt werden, dass die Gesellschaft vollends zweigeteilt wird. Diese Befürchtungen können nicht völlig zerstreut werden. Es bleibt ein Restrisiko.

Doch dieses Risiko muss mit den Gefahren verglichen werden, welche die Alternativen in sich bergen. Was, wenn wir es gar nicht erst versuchen, uns mit ein paar geschickt veränderten Spielregeln aus der Tretmühle der Arbeitswut zu befreien? Die Antworten sind bereits sicht- und fühlbar: eine weitere Zerstörung der Umwelt, immer neue Kriege um die knappen Energieressourcen, noch mehr Stress am Arbeitsplatz, noch mehr soziale Zweiteilung, noch mehr Angst vor Arbeitslosigkeit und sozialem Abstieg.

Schlusswort

Die wohl größte zivilisatorische Leistung des Bürgertums war die Adelung der Arbeit. Ohne protestantische Ethik wäre die industrielle Revolution und damit der Wohlstand des Westens nicht möglich gewesen. Dieser Wohlstand wurde im Licht der gesamten menschlichen Entwicklung in einer unglaublich kurzen Zeit geschaffen: In den letzten 250 Jahren wurden 97 Prozent des Reichtums der gesamten Menschheit erwirtschaftet. Jetzt ist die Globalisierung im Begriff, die Arbeit kulturell neu zu definieren. Auch die säkularisierte Form der protestantischen Arbeitsethik verliert an Bedeutung. Es entstehen wieder feudale Arbeitsverhältnisse: Einerseits eine neue Manager-Aristokratie und andererseits die neuen Fabrik-Bauern.

Der Mittelstand ist in Gefahr, aufgerieben zu werden, nicht nur materiell. Die globalen Supply-Chains der multinationalen Konzerne optimieren nicht nur die Arbeitsteilung und damit Kosten und Produktivität. Sie führen auch zu einer kontinuierlichen Entwertung der Arbeit. Dabei ziehen die neuen Oligarchen zwar nicht wie der Adel in den Krieg, aber sie machen sich die Hände ebenfalls nicht mehr schmutzig. Treffend schreibt die Globalisierungskritikerin Naomi Klein in ihrem Bestseller *No Logo*: »Wenn die Supermarken-Konzerne ihre ›Seele‹ gefunden haben [gemeint ist damit ihre Marke, Anm. der Verfasser], gehen sie daran, sich von ihrem plumpen Körper zu befreien, und nichts erscheint ihnen plumper und abscheulicher körperlich als die Fabriken, die ihre Produkte herstellen.«[1]

Noch in den 90er-Jahren hat die Globalisierung große Hoffnungen geweckt. Nicht nur der Entwicklungsökonom Jeffrey Sachs hat sich davon das »Ende der Armut« erhofft und maßgeblich dazu beigetragen, dass die Uno ein Millenniumsprogramm verkündet hat. Generell versprach man sich vom freien Handel mehr Wohlstand, Freiheit und Demokratie. Diese Versprechen erweisen sich immer mehr als illusorisch: Zwar steigt weltweit nach wie vor der Wohlstand, aber der neue Reichtum wird grotesk ungleich verteilt. Gleichzeitig wird die Arbeitswelt immer hektischer und die Arbeit immer weniger wert. In seinem Buch *The Challenge of Affluence* kommt der britische Wirtschaftshistoriker Avner Offer deshalb zu einer vernichtenden Globalisierungsbilanz :

- Der Wohlstand hat das Leben der Leute verändert, aber das wirtschaftliche Wachstum hat nicht viel dazu beigetragen, die Leute glücklicher zu machen. Das Leben ist wahrscheinlich schlechter geworden.
- Der Hauptgrund dafür liegt darin, dass die Leute die falsche Wahl treffen. Menschen neigen dazu, ihr Vergnügen jetzt haben zu wollen statt erst morgen. Kurzsichtigkeit überwiegt in einem verhängnisvollen Ausmaß.
- Diese Eigenschaft der Ungeduld führt in wohlhabenden Gesellschaften zu größeren Problemen. Das Ergebnis ist ein Zusammenbruch der Selbstkontrolle im großen Stil – Übergewicht, Kollaps der Familie, Suchtverhalten.
- Wirtschaftliches Wachstum führt zu schnellen Veränderungen. Das ist gefährlich. Die Menschen verlieren ihren Halt, informelle Normen werden zerstört. Das soziale Zusammenleben ist auf Institutionen angewiesen, die sich aber nur dort (langsam) entwickeln können, wo der Wandel nicht zu schnell ist.
- Die enorme Menge von Werbung in der modernen Gesellschaft hat das Vertrauen reduziert. Sie verleitet die Menschen zu einem Rollenverhalten und macht es ihnen schwer, offen und ehrlich zu sein.

- Übergewicht, Scheidungen und übermäßiger Fernsehkonsum zeigen, dass der Wohlstand das Glück verderben kann.

Die *New York Times*-Journalistin Barbara Ehrenreich geht noch weiter als Offner. Sie spricht gar von einer »depressiven Massenepidemie«. »Wenn wir also«, so fasst Ehrenreich zusammen, »nach einer gemeinsamen Ursache für die zunehmenden Depressionen und die abnehmenden gemeinsamen Festivitäten suchen, dann liegt die Antwort auf der Hand. Die Verstädterung und der Aufstieg einer wettbewerbsintensiven Marktwirtschaft haben eine neue, isolierte und verängstigte Persönlichkeit hervorgebracht.«[2]

Man kann natürlich Offner und Ehrenreich als Kulturpessimisten abtun, wie es sie immer schon gegeben hat und immer geben wird. Doch lässt sich nicht leugnen, dass die Globalisierung selbst die Gewinner nicht begeistert. Die Schweiz beispielsweise hat drei sehr gute Jahre hinter sich und profitiert sehr stark von der boomenden Weltkonjunktur. Das Bruttoinlandprodukt wächst um 3 Prozent, die Arbeitslosigkeit liegt unter 3 Prozent und die Unternehmen schreiben Rekordgewinne. Steigender Wohlstand führt zu steigender Toleranz, sagen uns der gesunde Menschenverstand und der Harvard-Ökonom Benjamin Friedman in seinem Buch *The Moral Consequences of Economic Growth*. Doch in der modernen Schweiz ist diese scheinbare Gesetzmäßigkeit aufgehoben. Noch nie seit dem Zweiten Weltkrieg ist die Stimmung im Land so vergiftet. Der Wahlkampf 2007 war der hässlichste seit Menschengedenken, geprägt von Ausländerhass und kindlichen Verschwörungstheorien.

Deutschlands Wirtschaft ist seit 2005 im Aufschwung, und trotzdem haben seit dem Bestehen der Bundesrepublik noch nie so viele Menschen unter Abstiegsängsten gelitten. Umfragen zeigen immer wieder, dass der deutsche Mittelstand glaubt, der Aufschwung gehe an ihm vorbei. Inzwischen wächst eine Generation von Arbeitnehmern heran, die sich von Zeitvertrag zu Zeitvertrag hangelt, und für die es üblich geworden ist, gleich nach Antritt eines neuen Zeitarbeitsvertrags die nächste Stelle zu suchen. Diese totale Flexibilität ist nicht nur für die betroffenen Menschen entwürdigend, sie ist auch volkswirtschaftlich fragwürdig. Wie kann sich unter solchen Umständen eine nachhaltige Nachfrage entwickeln? Die verunsicherte deutsche Arbeitnehmerschaft konsumiert nicht mehr. Der Boom der Jahre 2006 und 2007 war der bisher erste Aufschwung ohne nennenswerte Zunahme des privaten Konsums. Wie China lebt Deutschland heute vom Export und verweigert den Konsum und damit den Import. Die einstige Konjukturlokomotive Europas ist zum Bremsklotz geworden.

Ähnlich sieht es in den USA aus. Dort drückt sicherlich auch das Debakel im Irak auf die Stimmung. »Auffällig ist aber, wie wenig die auf den ersten Blick ziemlich gute wirtschaftliche Lage die Stimmung im Lande aufgehellt hat«, schreibt der Ökonom Paul Krugman in seinem Buch *Nach Bush*. »Das Bruttoinlandsprodukt wächst seit nahezu sechs Jahren; die Arbeitslosenquote beträgt nur 4,5 Prozent, vergleichbar mit dem Stand in den späten 90er-Jahren; die Börsenkurse haben neue Höchstwerte erreicht. Doch als Gallup fragte: ›Wie würden Sie die wirtschaftlichen Bedingungen in diesem Land beurteilen?‹, antwortete nur ein Drittel der Befragten mit ›ausgezeichnet‹ oder ›gut‹. In den späten 90er-Jahren war der Anteil doppelt so hoch.«[3] Kein Wunder: Wie eine Statistik der US-Steuerbehörden IRS zeigt, sind seit 2002 nur noch die Einkommen der reichsten 10 Prozent der Steuerzahler gestiegen.

Alice wird im Land hinter dem Spiegel einmal von der Roten Königin belehrt, dass man dort immer so schnell rennen müsse wie man kann, um am gleichen Ort zu bleiben. Was von Lewis Carroll im 19. Jahrhundert als amüsantes mathematisches Paradox gedacht war, wird in der Arbeitswelt des 21. Jahrhunderts für die Arbeitnehmer zu einem realistischen Paradox. Einerseits muss, wer einen Job hat, »immer schneller, immer härter« arbeiten. Andererseits wird de facto aus der Gesellschaft ausgestoßen, wer seinen Arbeitsplatz verliert. Beides geschieht scheinbar willkürlich. Kein Wunder, dass sich angesichts dieser Zustände selbst bei den Globalisierungsgewinnern die Freude in Grenzen hält.

Die Krise in der Arbeitswelt wird zu einer Gefahr für die Gesellschaft, zumal sie keineswegs isoliert auftritt. Untergangspropheten hatten selten so gute Karten wie heute. Zynisch kann man fragen: Wie hätten Sie denn Ihren Weltuntergang gerne? Darf es eine Sintflut dank der Klimaerwärmung sein? Oder wäre ein Verteilkrieg um die Ölreserven oder gar ein Zivilisationskrieg à la Samuel Huntington lieber? Der Soziologe Ulrich Beck spricht neuerdings nicht mehr bloß von der Risiko-, sondern von einer Weltrisikogesellschaft. Aber Beck ist kein Untergangsprophet, sondern sieht in den neuen Risiken auch die Chance für eine neue Aufklärung. Endlich könnten enge nationalistische Denkschemen überwunden werden, eine wahrhaft multikulturelle Welt könnte entstehen.

Historiker verweisen immer wieder auf die großen Ähnlichkeiten der modernen Gesellschaften und der Belle Époque um die Wende vom 19. zum 20. Jahrhundert. Nicht nur war die Wirtschaft zu Beginn des 20. Jahrhunderts in einem vergleichbaren Ausmaß globalisiert, auch politisch und gesellschaftlich gibt es eine Reihe von Parallelen. Der Erste Weltkrieg hat die Globalisierungsträume damals jäh zerstört und vor allem Europa unsägliches Leid gebracht. Heute hat die Menschheit in Sachen Globalisierung eine zweite Chance. Genutzt werden kann sie nur, wenn eine neue Arbeitskultur entsteht, wenn der immer grotesker werdende Sesseltanz um die Arbeitsplätze beendet wird.

Im Interesse der globalisierten Welt und in unserem eigenen Interesse, die wir unter den Auswirkungen der sich widerstrebenden Arbeitsanstrengungen leiden, sollten wir daher gemeinsam fordern: *Schluss mit der Arbeitswut!* Wie wir das schaffen können, dazu haben wir hier einige Vorschläge gemacht. Nun ist es höchste Zeit, die richtigen Maßnahmen zu ergreifen.

Literatur

Battelle, John: *The Search*. Penguin Group. New York 2005 (dt.: *Suche*, Börsenmedien, Kulmbach, 2006).

Bischoff, Joachim: »Allgemeines Grundeinkommen«. VSA. Hamburg 2006.

Ehrenreich, Barbara: *Bait and Switch*. Metropolitan Books. New York 2005 (dt. Ausgabe: *Qualifiziert und arbeitslos*. Kunstmann. München 2006).

Fishman, Charles: *The Wal-Mart Effect*. The Penguin Press. New York 2006.

Frank, Robert H./Cook, Philip J.: *The Winner-Take-All Society*. Martin Kessler Books. New York 1995.

Friedman, Benjamin, M.: *The Moral Consequences of Economic Growth*. Alfred A. Knopf. New York 2005.

Friedman, Thomas. L.: *The World is Flat*. Farrar, Straus and Giroux. New York 2005 (dt. Ausgabe: *Die Welt ist flach*. Suhrkamp. Frankfurt am Main 2006).

Fowles, John: *The French Lieutenant's Woman*. Triad/Grenanda. Bungay 1977 (dt. Ausgabe: *Die Geliebte des französischen Leutnants*. Ullstein. Frankfurt am Main, Berlin, Wien 1974).

Fukuyama, Francis: *Trust*. The Free Press. New York 1995 (dt. Ausgabe: *Konfuzius und Marktwirtschaft*. Kindler. München 1995).

Fukuyama, Francis: *Our Posthuman Future*. Profile Books. London 2002 (dt. Ausgabe: *Das Ende des Menschen*. DVA. Stuttgart/München 2002).

Grove, Andrew S.: *Only the Paranoid Survive*. Doubleday. New York 1996 (dt. Ausgabe: *Nur die Paranoiden überleben*. Campus. Frankfurt/New York 1997).

Hutton, Will: *The Writing on the Wall*. Free Press. New York 2006.

Huxley, Aldous: *Brave New World*. Vintage. London 2004 (dt. Ausgabe: *Schöne neue Welt*. Fischer. Frankfurt am Main 1953).

Kanigel, Robert: *The One Best Way*. Viking Penguin. New York 1997.

Klein, Naomi: *No Logo*. Goldmann. München 2005.

Klinenberg, Eric: *Fighting for Air*. Metropolitan Books. New York 2007.

Krugman, Paul: *Nach Bush. Das Ende der Neokonservativen und die Stunde der Demokraten*. Campus. Frankfurt am Main/New York 2008.

Kuczynski, Alex: *Beauty Junkies*. Doubleday. New York 2006.

Landsburg, Steven E.: *More Sex Is Safer Sex*. Free Press. New York 2007.

Naam, Ramez. *More Than Human*. Broadway Books. New York 2005.

Prestowitz, Clyde: *Three Billion New Capitalists*. Basic Books. New York 2005.

Reich, Robert: *The Work of Nations*. Alfred A. Knopf. New York 1991 (dt. Ausgabe: *Die neue Weltwirtschaft*. Ullstein. Frankfurt/Berlin 1993).

Robin, Corey: *Fear*. Oxford University Press. Oxford 2004.

Sahlins, Marshall: *Stone Age Economics*. Tavistock Publications. London 1972.

Seidman, Dov: *How*. John Wiley & Sons. New Jersey 2007.

Sennett, Richard: *The Corrosion of Character*. W. W. Norton Company. New York 1998 (dt. Ausgabe: *Die Kultur des neuen Kapitalismus*. Berlin Verlag. Berlin 1998).

Shenkar, Oded: *The Chinese Century*. Wharton School Publishing 2005 (dt. Ausgabe: *Chinas Jahrhundert*. Finanzbuch. München, 2007).

Sloan, Alfred P: *My Years With General Motors*. Currency Book. New York 1990 (dt. Ausgabe: *Meine Jahre mit General Motors*. Moderne Industrie. München 1965).

Smith, Adam: *Der Wohlstand der Nationen*. FinanzBuch-Verlag. München 2006

Steingart, Gabor: *Weltkrieg um Wohlstand*. Piper. München 2006.

Stiglitz, Joseph: *Making Globalization Work*. W.W.Norton & Company. New York 2006 (dt. Ausgabe: *Die Chancen der Globalisierung*. Siedler. München 2006).

Uchitelle, Louis: *The Disposable American*. Borzoi Book. New York 2006.

Walton Sam: *Made in America*. Banton Books. New York 1993 (dt. Ausgabe: *Wal-Mart*. Moderne Industrie. Landsberg/Lech 2001).

Weber, Max: *Die protestantische Ethik*. Gütersloher Verlagshaus. Tübingen 1981.

Werner, Götz W.: *Einkommen für alle*. Kiepenheuer & Witsch. Köln 2007.

Veblen, Thorstein: *The Theory of the Leisure Class*. Mentor Books. New York 1953 (dt. Ausgabe: *Theorie der feinen Leute*. Kiepenheuer & Witsch. Köln/Berlin 1958).

Anmerkungen

1. Wie viel Arbeit braucht der Mensch?

1 Birgit Jennen, Maike Rademaker, »SPD plant dritten Arbeitsmarkt«, *Financial Times Deutschland*, 10. Juli 2006.
2 Edmund Phelps, »Rettende Beihilfen«, http://www.project-syndicate.org/print_commentary/phelps7/German [Stand November 2007].
3 Götz W. Werner, *Ein Grund für die Zukunft: das Grundeinkommen*, Verlag Freies Geistesleben, Stuttgart, 2006, Seite 37.
4 Groningen Growth and Development Centre (GGDC), Total Database, Stand November 2007.
5 *Facts*, 4. Januar 2007.
6 Thomas Straubhaar im Interview mit *Brand Eins*, Januar 2006.
7 *Stern*, 20. April 2006.

2. 25 Stunden sind genug

1 GGDC und Berechnungen aufgrund der Angaben im Tabellenteil des Jahresgutachtens 2007 des Sachverständigenrates.
2 Götz W. Werner, *Einkommen für alle*, Kiepenheuer & Witsch, Köln, 2007, Seite 36.
3 Berechnungen aufgrund der Angaben des GGDC.
4 Berechnungen aufgrund der Angaben des GGDC.

3. Die reinste Grausamkeit

1 Aldous Huxley, *Brave New World*, Vintage, London, 2004, Seite 197 (dt. Ausgabe: *Schöne neue Welt*, Fischer, Frankfurt am Main, 1953).

2 Daniel Ramaciotti/JulienPerriard, *Die Kosten des Stresses in der Schweiz*, Bern, 2003.

3 *Neue Zürcher Zeitung*, 17. August 2007.

4 Peter-René Wyder, »Der Druck wird immer grösser«, Die Lage des Bankpersonals 1997–2005, Zürich, 2006.

5 *Tages-Anzeiger*, 15. März 2007.

6 *Neue Zürcher Zeitung*, 25. Februar 2006.

7 Caritas, *Sozialalmanach 2007*, Caritas Verlag, Luzern, 2006.

8 *The Economist*, 23. Dezember 2006.

9 Caritas, op. cit.

10 Caritas, op. cit.

11 Caritas, op. cit.

12 *Financial Times*, 24. April 2007.

13 *CASH*, Nr. 5, 2. Februar 2006.

14 Thomas L. Friedman, *The World is Flat*, Farrar, Straus and Giroux, New York, 2005, Seite 114 (dt. Ausgabe: *Die Welt ist flach*, Suhrkamp, Frankfurt am Main, 2006).

4. Eine kurze Geschichte der Arbeit

1 Marshall Sahlins, *Stone Age Economics*, Tavistock Publications, London, 1972, Seite 86.

2 Thorstein Veblen, *The Theory of the Leisure Class*, Mentor Books, New York, 1953, Seite 23 (dt. Ausgabe: *Theorie der feinen Leute*, Kiepenheuer & Witsch, Köln/Berlin, 1958).

3 Max Weber, *Die protestantische Ethik*, Gütersloher Verlagshaus, Tübingen, 1981, Seite 137.

4 Ibid., Seite 184.

5 Richard Sennett, *The Corrosion of Character*, W.W. Norton & Company, New York, 1998, Seite 105 (dt. Ausgabe: *Die Kultur des neuen Kapitalismus*, Berlin Verlag, Berlin, 1998).

6 Benjamin M. Friedman, *The Moral Consequences of Economic Growth*, Alfred A. Knopf, New York, 2005, Seite 39.

7 John Fowles, *The French Lieutenants's Woman*, Triad/Granada, Bungay, 1977, Seite 256 (dt. Ausgabe: *Die Geliebte des französischen Leutnants*, Ullstein, Frankfurt am Main, Berlin, Wien, 1974).

8 Robert Kanigel, *The One Best Way*, Viking Penguin, New York, 1997, Seite 11.

9 Robert H. Frank/Philip J. Cook, *The Winner-Take-All Society*, Martin Kessler Books, New York, 1995, Seite 3/4.
10 *Weltwoche*, Nr. 14, 4. April 2007.

5. Das Ende der Verantwortung

1 Louis Uchitelle, *The Disposable American*, Borzoi, New York, 2006, Seite 35.
2 Alfred P. Sloan, *My Years With General Motors*, Currency, New York, 1990, Seite 390 (dt. Ausgabe: *Meine Jahre mit General Motors*, Moderne Industrie, München, 1965).
3 *New York Times*, 20. Februar 2006.
4 Sam Walton, *Made in America*, Doubleday, New York, 1992 (dt. Ausgabe: *Wal-Mart*, Moderne Industrie, Landsberg/Lech, 2001).
5 Charles Fishman, *The Wal-Mart Effect*, The Penguin Press, New York, 2006, Seite 235.
6 Ibid., Seite 229.
7 Ibid., Seite 234.
8 Charles Fishman, op. cit.
9 Richard Sennett, *Die Kultur des neuen Kapitalismus*, Berlin Verlag, Berlin, 2005, Seite 109.
10 Barbara Ehrenreich, *Bait and Switch*, Metropolitan, New York, 2005, Seite 237 (dt. Ausgabe: *Qualifiziert und arbeitslos*, Kunstmann, München, 2006).
11 Richard Sennett 2005, Seite 107.
12 Ibid., Seite 60.
13 Dov Seidman, *How*, John Wiley & Sons, New Jersey, 2007, Seite 49.
14 Ibid., Seite 50.
15 Ibid., Seite 52.
16 *NZZ am Sonntag*, 28. August 2005.

6. Arbeit um jeden Preis

1 Thomas Straubhaar, in *Wirtschaftsdienst* 2005 3, Seite 135.
2 IMF Länderbericht Deutschland 2006, Concluding Statement.
3 Angelo Panebianco, *Corriere della Sera*, 6. Juni 2006.

4 Alexander Spermann, Vom Sinn und Unsinn der staatlichen Arbeits-marktpolitik, *Neue Caritas*, 103, Seite 9 bis 13.

5 OECD *Employment-Outlook 2007*, Seite 63.

6 Richard B. Freeman, »Labour Market Institutions Around the World«, July 2007, Seite 12 ff.

7 Stephan Schulmeister, Wirtschaftspolitik und Finanzinstabilität als Ur-sache der unterschiedlichen Wachstumsdynamik in den USA und Eur-opa. Wipo. Wien 2006.

8 OECD *Employment-Outlook 2007*, Seite 57.

9 Frank Levy, Peter Tamin, *Inequality and Institutions in the 20th Cen-tury America*, NBER-Paper, May 2007.

10 Sachverständigenrat zur Begutachtung der gesamtwirtschaftlichen Ent-wicklung, *Jahresgutachten 2007/08*, Wiesbaden, 07.11.2007, Seite 455 ff.

7. Prekäre Verhältnisse

1 *Stern*, Nr. 33, 2007.

2 *Stern*, Nr. 48, 2005.

3 »Arbeitszeit – flexibel und reduziert«, Broschüre des Kaufmännischen Vereins der Schweiz, Zürich 2006.

4 Vortrag von Robert Castel während einer Caritas-Tagung im Januar 2007 in Bern.

5 Joachim Bischoff, »Allgemeines Grundeinkommen«, VSA, Hamburg, 2006, Seite 19.

6 Barbara Ehrenreich, op.cit., Seite 217.

7 Ibid., Seite 62.

8 Steven E. Landsburg, *More Sex Is Safer Sex*, The Free Press, New York, 2007, Seite 51.

9 Alex Kuczynski, *Beauty Junkies*, Doubleday, New York, 2006, Seite 82/83.

10 Ibid., Seite 85.

11 Barbara Ehrenreich, op. cit., Seite 233.

12 Francis Fukuyama, *Trust*, The Free Press, New York, 1995, Seite 356 (dt. Ausgabe: *Konfuzius und Marktwirtschaft*, Kindler, München, 1995).

13 Dov Seidman, op. cit., Seite 162.

14 Francis Fukuyama, op. cit., Seite 11.

8. Cyborgs oder: Wie der Mensch zur Maschine wird

1 *Das Magazin*, Nr. 7, 18. Februar 2006.
2 *Neue Zürcher Zeitung*, 17. August 2007.
3 Eric Klinenberg, *Fighting for Air*, Metropolitan, New York, 2007.
4 *FACTS*, Nr. 28, 2006.
5 Thomas. L. Friedman, op. cit., Seite 133/134.
6 Richard Sennett, *Die Kultur des Neuen Kapitalismus*, op. cit., Seite 38.
7 John Battelle, *The Search*, Penguin, New York, 2005, Seite 15 (dt. Ausgabe: *Suche*, Börsenmedien, Kulmbach, 2006).
8 *International Herald Tribune*, 16. Oktober 2006.
9 *Tages-Anzeiger*, 18. Juli 2007.
10 *Neue Zürcher Zeitung*, 27. Juni 2006.
11 *Neue Zürcher Zeitung*, 27. Juni 2006.
12 Francis Fukuyama, *Our Posthuman Future*, Profile, London, 2002, Seite 8 (dt. Ausgabe: *Das Ende des Menschen*, DVA, Stuttgart/München, 2002).
13 Interview in *CASH*, 1. September 2005.
14 Ibid.
15 *FACTS*, Nr. 42, 2006.
16 Ibid.
17 *FACTS*, Nr. 24, 14. Juni 2007.
18 *The New York Times*, 15. Mai 2007.
19 Ibid.
20 Ibid.
21 Ramez Naam, *More Than Human*, Broadway Books, New York, 2005, Seite 5.

9. Die neuen Oligarchen

1 *Business Week*, 27. Februar 2007.
2 Will Hutton, *The Writing on the Wall*, Free Press, New York, 2006, Seite 263/64.
3 *FACTS*, Nr. 9, 2007.
4 Richard Sennett, *Die Kultur des Neuen Kapitalismus*, op. cit., Seite 71.
5 Barbara Ehrenreich, op. cit., Seite 12.
6 Corey Robin, *Fear*, Oxford University Press, Oxford, 2004, Seite 239.
7 Andrew Grove, zitiert in Corey Robin, op. cit., Seite 240.

8 Corey Robin, op. cit., Seite 228.
9 *International Herald Tribune*, 29. März 2007.
10 Will Hutton, op. cit., Seite 169.
11 *Süddeutsche Zeitung*, 16. Mai 2007.

10. Der Wohlstandskrieg

1 *Neue Zürcher Zeitung*, 17. August, 2007.
2 Louis Uchitelle, op. cit., Seite 6.
3 Robert Reich, *The Work of Nations*, zitiert in Louis Uchitelle, op. cit., Seite 163/164.
4 Vgl. *CASH*, 16. Juni 2005.
5 *FACTS*, Nr. 48, 2006.
6 Alan Blinder, »Free Trade's Great, but Offshoring Rattles Me«, *The Washington Post*, May 6, 2007.
7 Ibid.
8 Clyde Prestowitz, *Three Billion New Capitalists*, Basic Books, New York, 2005, Seite 19.
9 Ibid., Seite 20.
10 Joseph Stiglitz, *Making Globalization Work*, W. W. Norton & Company, New York, 2006, Seite 272 (dt. Ausgabe: *Die Chancen der Globalisierung*, Siedler, München, 2006).
11 Richard Freemann, »Does Globalization of the Scientific/Engineering Workforce Threaten US Economic Leadership?,« Kapitel 5 in Adam Jaffe, Joshua Lerner und Scott Stern (Hrg.), *Innovation Policy and the Economy volume 6*, July 2005.
12 Ibid.
13 Oded Shenkar, *The Chinese Century*, Wharton School Publishing, 2005, Seite 9 (dt. Ausgabe: *Chinas Jahrhundert*, Finanzbuch, München, 2007).
14 Interview mit Gabor Steingart in *FACTS*, Nr. 44, 2006.
15 Gabor Steingart, *Weltkrieg um Wohlstand*, Piper, München, 2006, Seite 342.
16 Ibid., Seite 157.
17 Ibid., Seite 343/44.
18 Ibid., Seite 355.
19 Peter Bofinger in *FACTS*, Nr. 3, 2007.
20 *FACTS* Nr. 44, 2006.

21 Benjamin Friedman in *FACTS*, Nr. 31, 2006.

22 Joseph Stiglitz, »We Have Become Rich Countries of Poor People«, *Financial Times* vom 8. September 2006.

II. So geht es nicht: Scheinlösungen

1 »Healthy Old Europe«, *Foreign Affairs*, May/June 2007, zitiert aus *FAZ*, 11. Juli 2007.

2 Credit Suisse, *Swiss Issues Wirtschaftspolitik: Beschleunigte Arbeitswelt – soziale Desintegration?*, März 2006.

3 Richard Sennett, *Die Kultur des neuen Kapitalismus*, Berlin Verlag, Berlin, 2005, Seite 46.

4 Jacques Attali, *L'Avenir du Travail*, Fayard, Institut Manpower, 2007.

5 Für Attali steht die Welt vor der Entscheidung: Katastrophe oder Wohlstand. Zitat: »Entweder wir bewegen uns in eine Abwärtsspirale von immer prekärerer Arbeit und gar Versklavung, was unweigerlich zu kriegerischen Auseinandersetzungen führen muss. Oder aber die Menschheit ist fähig, den nötigen sozialen Schutz für die Armen des Südens, wie für die Bewohner des Nordes zu organisieren. Dann werden wir in eine Periode von formidablem Wachstum eintreten.«, op. cit.

6 Tim Costello/Brendan Smith/Jeremy Brecher, »Labor Rights in China«, *Post-Autistic Economic Revue*, Nr. 41, 5. März 2007.

7 Costello, Smith, Brecher, op. cit.

8 James K. Galbraith, »Why Populists need to Re-Think Trade«, *The American Prospect*, 10. Mai 2007.

9 Stephan Schulmeister, op. cit.

12. So könnte es gehen: Lösungen

1 *Die Zeit*, Nr. 33, 9. August 2007.

2 William Easterly, *Wir retten die Welt zu Tode. Für ein professionelleres Management im Kampf gegen die Armut*, Campus, Frankfurt am Main/New York, 2006, Seite 27.

3 Ingrid Kurz-Scherf: »Gute Arbeit für alle: Illusion oder Programm«, *Jahrbuch Denknetz 2006*, Edition 8, Zürich 2006.

4 »Mindestlohn – unter der Lawine«, *Financial Times Deutschland*, 18. Dezember 2007.

5 James K. Galbraith, Maastricht 2042 and the fate of Europe, März 2007, http://library.fes.de/pdf-files/id/04340.pdf [Stand: Dezember 2007].

6 *a tempo, Das Lebensmagazin*, Nr. 75, März 2006.

7 Götz W. Werner 2006, Seite 162.

8 *manager magazin spezial*: Die 300 reichsten Deutschen, Oktober 2007.

9 Götz W. Werner 2006, Seite 168.

10 Ibid., Seite 22.

11 Ibid., Seite 31.

12 Ibid., Seite 65.

13 Ibid., Seite 101.

14 Ibid., Seite 101.

15 Ibid., Seite 178.

16 *Neue Zürcher Zeitung*, 17. August 2007.

17 Ibid., Seite 210.

18 Heiner Flassbeck, »Grundeinkommen«, *Wirtschaft und Markt*, Januar 2007.

Schlusswort

1 Naomi Klein, *No Logo*, München 2005 (Goldmann), Seite 206.

2 Barbara Ehrenreich, *Dancing in the Streets: A History of Collective Joy*, Metropolitan Books, New York, 2007, zitiert aus *The Guardian* vom 2. April 2007, http://lifeandhealth.guardian.co.uk/health/story/0,,2047 969,00.html [Stand: November 2007].

3 Paul Krugman, *Nach Bush. Das Ende der Neokonservativen und die Stunde der Demokraten*, Frankfurt am Main/New York 2008, Seite 220.